GOLDMANN

W0044303

Buch

Dieses inspirierende Buch ist aus der Sicht eines Theologen und eines Psychiaters geschrieben, denn beide haben das gleiche Anliegen: den Glauben zu erneuern, wo er verlorengegangen ist, und neues Vertrauen zu schaffen – in uns selbst und in unsere Mitmenschen. Anhand vieler Beispiele aus der Praxis beider Autoren wird der ursächliche Zusammenhang mit einem erfüllten und harmonischen Leben aufgezeigt.

Autoren

Norman Vincent Peale, Jahrgang 1898 und noch immer in New York lebend, begann seine Karriere als Journalist. Ein anschließendes Theologiestudium beeinflußte ihn stark und ließ in ihm die ersten Ansätze seiner positiven Lebensphilosophie entstehen. Zusammen mit dem Psychiater Smiley Blanton gründete er das Institut für Psychotherapie und praktizierendes Christentum. Zahlreiche Publikationen, Fernseh- und Rundfunkauftritte sorgen für die anhaltende Popularität des Autors.

Norman Vincent Peale
Smiley Blanton

DIE ANTWORT HEISST
VERTRAUEN

Zufriedenheit – Lebensfreude – Glück

Aus dem Amerikanischen übertragen
von Olivia de Seijo

GOLDMANN VERLAG

Originaltitel: Faith is the Answer
Originalverlag: Fawcett Crest, New York

Der Goldmann Verlag
ist ein Unternehmen der Verlagsgruppe Bertelsmann

Made in Germany · 1. Auflage · 6/93
© 1950 und 1978 by Norman Vincent Peale
und Smiley Blanton
© der deutschsprachigen Rechte 1993 by
Wilhelm Goldmann Verlag, München
Umschlaggestaltung: Design Team München
Umschlagfoto: Bavaria/Higuchi, Gauting
Redaktion: Brigitte Leierseder-Riebe
Satz: IBV Satz- und Datentechnik GmbH, Berlin
Druck: Elsnerdruck, Berlin
Verlagsnummer: 12093
Ba · Herstellung: Heidrun Nawrot
ISBN 3-442-12093-4

Inhalt

Vorwort

Warum tut sich ein Pfarrer mit einem Psychiater zusammen, um ein solches Buch zu schreiben? Beide haben das gleiche Ziel: den Glauben zu erneuern, wo er verlorengegangen ist. Neues Vertrauen zu schaffen – in uns selbst und in unsere Mitmenschen.

Der Pfarrer hat normalerweise nicht die entsprechende psychiatrische Ausbildung, ebensowenig wie der Psychiater Gelegenheit hat, religiöse Fragen aus erster Hand zu beobachten. Deshalb trägt in dieser Arbeit der Pfarrer zu den Lösungen bei, die seiner Meinung nach die Religion zu bieten hat, während der Psychiater die Dinge aus der Sicht der Psychiatrie betrachtet.

Doch dieses Werk möchte nicht vor allem pathologische Fälle heilen. Es wendet sich direkt an Sie: an Menschen, denen es gut geht, um Ihnen zu helfen, sich auch weiterhin gut zu fühlen und glücklich zu leben.

Soweit möglich, haben wir technische Begriffe vermieden. Auch haben wir es für unsinnig gehalten, die einzelnen zitierten Fälle zu eingehend zu analysieren. Weiterhin fand es jeder der Autoren sinnvoll, sich an sein eigenes Gebiet zu halten, wenn auch mit Unterstützung des anderen.

Die persönlichen Fälle sind mit Einwilligung der Betreffenden zitiert worden. Wo dies notwendig war, haben wir die wahre Identität in Übereinstimmung mit der ärztlich priesterlichen Schweigepflicht geheimgehalten.

Bei der Wiederauflage dieses Buches sind sich die Autoren des komplizierten Wesens eines solchen Unterfangens bewußt geworden. Sie stehen in der Schuld vieler Menschen, die ihnen dabei halfen, den Inhalt aufzubauen, und die die Form des Buches kritisierten. Auch danken wir für die Hilfe bei der Fertigstellung des Manuskripts für die Veröffentlichung. Hiermit wollen wir all denen danken, die großzügig zu diesem Buch beigetragen haben.

Norman Vincent Peale D. D.
Smiley Blanton, M. D.

I
Die Macht des Glaubens

Smiley Blanton:
Der Weg zum Lebenskünstler

In dieser Welt, in der wir immer wieder vor neuen Krisen stehen, hilft es uns zu wissen, daß uns Liebe und Glauben vor der Verzweiflung bewahren können. Wenn wir nicht auf uns selbst und auf andere vertrauen, so ist die Zeit gekommen, um Bilanz zu ziehen. Denn Glauben bedeutet ein Aufblühen, sowohl im emotionalen wie auch im spirituellen Sinn. Ohne ihn sind wir gar nichts.

Viele ganz »normale« Männer und Frauen sind in ihrem persönlichen Leben unglücklich. Irgend etwas scheint sie unentwegt auf ihrer Suche nach Zufriedenheit zu behindern. Sie fühlen sich oft verärgert und sind frustriert.

Es ist jedoch nie zu spät, um Bilanz zu ziehen; es ist nie zu spät, um die Ursachen unserer Gefühle und unseres Verhaltens zu erkennen. Zu diesem Thema möchte ich Spinoza frei zitieren: Es ist unsinnig zu weinen und unsinnig, empört zu sein. Wir sollten versuchen, zu verstehen! Wir sind in langen Jahren zu dem geworden, was wir heute sind. Und doch ist es schwierig, diesen Pfad zurückzuverfolgen. Doch wenn wir unseren Kopf und unser Herz befragen, erkennen wir, daß der Schlüssel zu unserer augenblicklichen Persönlichkeit und unseren gegenwärtigen Schwierigkeiten häufig in unserer Vergangenheit liegt. Dies trifft vor allem auf unsere Kindheitserfahrungen zu, unsere frühe Beziehung mit unseren Eltern. Eine Analyse dieser kindlichen Beziehungen hilft uns, Probleme und Versagen in unserem jetzigen Leben zu lösen und zu korrigieren.

Wenn wir bereit sind einzusehen, daß unsere gegenwärtige Haltung auf vergangenen Erfahrungen beruht, so wird es deutlich, warum ein Mensch, der in seiner Kindheit keine entsprechenden Beziehungen mit seinen eigenen Eltern hatte, sich auch schwer tut, an Gott zu glauben. Denn der Glaube an Gott ist immer eine Projizierung des Eltern-Kind-Verhältnisses.

Einst besaßen wir alle Glauben. Was ist daraus geworden? Wie haben wir ihn verloren? Und vor allem: Wie können wir ihn zurückgewinnen?

Eine Frau – wir werden sie Frau A. nennen – schrieb Dr. Peale folgenden Brief:

»Ich bin eine durchschnittliche Frau, normal begabt und durchschnittlich mutig. Doch fühle ich mich, was mich selbst betrifft, restlos entmutigt.

Ich hörte Ihre Vorträge im Radio und las Ihre Bücher, und ich habe mich auch viel mit Psychologie beschäftigt. Ich wünschte, Sie könnten mich über einige Dinge aufklären.

Mein Mann meint, ich bräuchte einen Psychiater; meine Freunde sagen, ich bräuchte einen Seelsorger. Doch was in aller Welt kann Religion für einen Menschen bedeuten, der sich in einem Stadium von Verwirrung und Entmutigung befindet? Ich habe keine Sünden, die ich bereuen müßte, wenn nicht Mangel an Glauben eine Sünde ist. Ich sehe einfach keine Motivation. Ich tue eine ganze Menge, aber irgendwie führt mich das nirgendwohin.

Kann mir die Religion helfen? Und wenn nicht, vielleicht die Psychiatrie?«

Wir schlugen ihr vor, uns in unserer Klinik in New York zu besuchen, um sowohl mit Dr. Peale wie auch mit mir zu sprechen. Es schien ihr seltsam, zu einem Pfarrer *und* einem Psychiater zitiert zu werden. Sie kannte die Funktion eines Pfarrers; aber sie hatte nicht begriffen, daß ein Psychiater sowohl vorbeugend als auch heilend handelt, und daß er mit Ängsten, Depressionen und Sorgen ebenso wie ein Priester umgeht, wenn auch mit einem anderen Ansatz. Sie wußte ebenfalls nicht, daß ein Psychiater vor allem mit durchschnittlichen Menschen zu tun hat, deren

Anpassungsvermögen zeitweilig aus dem Gleichgewicht geraten ist.

Warum war diese Frau deprimiert? Es ist ein grundlegendes Gesetz des menschlichen Verhaltens, daß alle menschlichen Handlungen durch irgend etwas verursacht sind. Unsere erste Aufgabe war, ihr zu helfen, dies zu verstehen. Da allgemein bekannt ist, daß die Kenntnis der Körperfunktionen zu einem gesunden Leben beiträgt, ist es auch leicht zu verstehen, daß dasselbe für die Kenntnis unserer Gefühle zutrifft.

Um die Ursache für Frau A.s Schwierigkeiten zu finden, mußten wir soviel wie möglich sowohl über ihre Kindheit wie auch über ihre augenblickliche Umgebung erfahren. Sie war offen im Gespräch, weil sie sich unseres Mitgefühls sicher war. Sie erzählte uns folgende Geschichte: Sie war die jüngste von vier Töchtern. Sehr früh schon hatte sie den Eindruck, daß ihre Familie bitter enttäuscht war, daß sie nicht als Junge zur Welt gekommen war. Sie tauften sie Elisabeth, aber nannten sie immer »Bill«. So durfte sie zum Beispiel nie die hübschen Kleider tragen, die ihre Schwestern hatten. Ihr Vater bestand darauf, daß sie Overalls anzog. Er bedauerte oft in ihrer Gegenwart, daß er keinen Sohn hatte, der seinen Namen und sein Geschäft fortführen konnte.

Ihre Mutter war ein ängstliches Geschöpf, das sich ständig um ihren Mann und ihre Kinder Sorgen machte. Sie meinte, ihren Mann um jeden Preis erfreuen zu müssen, und sie unterstützte ihr Kind nie in seinem Versuch, so zu sein wie andere Mädchen. Daher war das Verhältnis Elisabeths zu ihrer Mutter und ihrem Vater zwiespältig. Sie ließ sie merken, daß sie sie sowohl liebte wie auch haßte. Sie fühlte sich von ihrem Vater zutiefst zurückgewiesen. Und auch bei ihrer Mutter konnte sie nicht viel Liebe erkennen.

Nun müssen diese Ursachen nicht unbedingt zu dem Gefühl führen, abgelehnt zu werden. Doch bei dieser Frau war es der Fall. Da die Eltern dieser jungen Frau nicht weit entfernt von der Klinik lebten, war es uns möglich, sie zu befragen.

Es erstaunte sie, von der Tiefe des Grolls ihrer Tochter zu erfahren. Aber sie spielten alles herunter und bestanden darauf, daß »Bill« nur so eine Art Spitzname gewesen sei. Sie meinten, sie hätten auf den Overalls lediglich bestanden, weil ihre Tochter so hübsch und schlank gewesen sei und diese Art von Kleidung ihr daher gut gestanden habe. Aber sie gaben zu, sich einen Jungen gewünscht zu haben und es sehr bedauert zu haben, daß sie keiner war. Auch gestanden sie, dies in ihrer Gegenwart betont zu haben.

Sie verhalten sich hinsichtlich ihrer Tochter und ihrem Mann jetzt hilfreich und freundlich. Aber sie geben zu, sich durch ihren augenblicklichen Zorn etwas zurückgestoßen zu fühlen. Was wirklich los war, war, daß Elisabeth aufgrund einer ganzen Menge von Tatsachen das Gefühl hatte, ihren Eltern in keiner Weise genügt zu haben und deshalb von ihnen restlos abgelehnt worden zu sein. Diese Erfahrungen aus der Kindheit beeinflußten noch immer ihr Denken und ihr Fühlen. Dies ist nicht ungewöhnlich. Man findet oft Erwachsene, die in ihrem ganzen Leben durch die unreifen Urteile ihrer Kindheit beeinflußt werden. Sie haben ein falsches Bild von ihren Eltern. Und dieses Bild – nicht die Wirklichkeit – richtet den Schaden an.

Alle Beziehungen von Frau A. waren von Unzufriedenheit und Unsicherheit durchdrungen. Sie konnte sich nie wirklich an die drei »weiblichen« Schwestern anpassen und auch später nicht an ihren Mann und an ihre Kinder. Sie wünschte sich sehnlichst, geliebt zu werden, und meinte, so bereit zu sein, diese Liebe zu erwidern. Dabei merkte sie nicht, daß sie sie wahrscheinlich gar nicht geben konnte. Nicht genug damit: sie befand sich auch in einem schweren Konflikt mit ihrem Glauben. Sie war unfähig, in eine befriedigende Beziehung mit dem Schöpfer zu treten. Das Gefühl der Ablehnung, das vor langer Zeit in ihr erwacht war – und zwar in der Eltern-Kind-Beziehung –, hinderte sie jetzt daran, an die Liebe Gottes zu glauben.

Es hätte in ihrem Fall auch nicht ausgereicht, wenn sie sich entweder mit der Mutter oder mit dem Vater verstanden hätte. In dieser Welt, in der die Beziehung der Geschlechter zueinander von solcher Bedeutung ist, ist es notwendig, in einer Umgebung aufzuwachsen, die von beiden Geschlechtern bestimmt wird, um zu lernen, sich an beide anzupassen.

Um Männer und Frauen zu verstehen, muß man erst die amoralische, antisoziale Struktur eines sehr kleinen Kindes erkennen. Ein kleines Kind ist von Natur aus egozentrisch. Es interessiert sich ausschließlich für seine eigenen Gefühle, Notwendigkeiten und seine eigene Befriedigung. Es lebt – so könnte man sagen – nur für sich selbst.

Wächst es heran, verändert sich diese Haltung allmählich. Etwas von seiner Selbstliebe wird abgelenkt, wenn sich seine Vision von der Welt erweitert. Es beginnt, nicht nur sich selbst zu lieben, sondern auch Dinge außerhalb seiner selbst, die zu seinem Glück beitragen. Dies schließt vor allem die Liebe zu der Mutter mit ein und dann auch die zum Vater.

In dieser frühen Phase fühlt das Kind eine besondere Nähe zu seinen Eltern. Auch die kürzeste Trennung kann es manchmal äußerst unglücklich machen. Vorwürfe irgendeiner Art können zu tiefen Ängsten führen. Und dennoch ist es im Rahmen der Erziehung notwendig, das Kind gelegentlich zu schelten. Dies sollte mit großer Vorsicht und Einsicht geschehen. Das Kind muß sich zu einem sozialen Wesen entwickeln. Allmählich muß es sich den Bedürfnissen unserer Zivilisation anpassen.

Lassen Sie uns die Nähe der Beziehung zwischen Mutter, Vater und Kind betrachten. Das Kind wird aus dem Körper der Mutter geboren und normalerweise von ihr ernährt. Es wird ständig auf intimste Weise versorgt. Die Beziehung zwischen Vater und Kind ist nicht so innig wie die zwischen Mutter und Kind. Sie ist aber dennoch genauso wichtig für die Entwicklung eines ausgeglichenen Gefühlslebens.

Es wundert uns nicht, daß uns die Bilder der »Madonna mit Kind« mehr als alle anderen ansprechen. Denn sie zeigen die ideale Mutter-Kind-Beziehung. Auch überrascht es nicht, daß der Mensch von Anfang an in Gott den Vater gesehen hat; im christlichen Glauben sogar einen liebenden Vater. Wie sollte es auch anders sein, da doch die Vorstellung von Gott in erster Linie aus der frühen Beziehung und aus der Haltung den Eltern gegenüber gezogen wird.

Langsam, während das Kind aufwächst, entwickelt sich in ihm ein unfehlbar mächtiges, weises und wohlmeinendes Bild, ein neues Wesen, das über es wacht, das Wesen Gottes. So wird das grundlegende religiöse Leben des Kindes auf das Muster der Eltern aufgebaut. Die Eltern, die Gegenstand dieser kindlichen Überbewertung sind, müssen sehr darauf achten, die Vorstellung von Güte und Gerechtigkeit, Treue und Zärtlichkeit nicht zu verzerren. Glauben hat sein Fundament in der Liebe und nicht in der Angst. Er ist spontan und belohnend. Allmählich verwandelt das Kind die Anbetung seiner Eltern in Liebe zu Gott. Doch die Liebe zu den Eltern ist manchmal behindert und behindert so auch die Liebe zum Schöpfer. Andersherum kann auch die Liebe zu den Eltern manchmal derart überwältigend sein, daß das Kind, wenn es heranreift, Angst hat, von irgend jemandem dominiert zu werden, sei es von den Eltern oder von Gott.

Eine Woche vor John B.s Geburt kam seine Schwester, das bis dahin einzige Kind der Familie, bei einem häuslichen Unfall ums Leben. Die Mutter überschüttete ihn darauf mit aller Liebe, die sie für das tote und das neue Kind fühlte. Obwohl sie an dem Unfall keinerlei Schuld hatte, fühlte sie sich schuldig. Denn sie meinte, sie hätte ihn durch Voraussicht verhindern können. Daher versuchte sie, John in totaler Sicherheit aufzuziehen und jede eventuelle Gefahr vorauszusehen.

Er durfte die Küche, wo der Unfall seiner Schwester geschehen war, gar nicht betreten. Er durfte sich auch kaum aus dem Haus entfernen, wenn ihn nicht seine Mutter oder eines der Dienstmädchen begleiteten. Toben oder wilde Spiele waren verboten, der normale Umgang mit anderen Jungen ebenso.

Obwohl er sehr an seiner Mutter hing, ärgerte er sich über ihre Dominanz und hatte Angst vor ihrer überschwenglichen Liebe. Zu Recht fühlte er, daß die Liebe, die ihn fast erstickte, nicht eigentlich ihm galt. Er war scharfsinnig genug, schon im frühesten Alter auf seine tote Schwester eifersüchtig zu sein. Auch waren ihm die Vorschriften seiner Mutter suspekt.

Als er größer wurde, wurde ihm auch die äußere Welt verdächtig. Es fiel ihm schwer, Freundschaften zu schließen, und es war ihm so gut wie unmöglich, sie zu halten. In der Schule wie

auch später in seiner ersten Arbeit war er mißtrauisch und unko-
operativ. Er wollte keinerlei Befehle annehmen und diskutierte
so häufig mit seinen Vorgesetzten, bis er einen Job nach dem anderen verlor.

Logischerweise brach er völlig mit der Religion und wies alle
christlichen Konzepte zurück; denn die Idee, von Gott dominiert zu werden, war ihm unerträglich.

Dieser Fall ist natürlich extrem. Aber er zeigt deutlich, durch
welchen Prozeß ein Kind gehen muß, um seine soziale Verant-
wortlichkeit auf gesunde Weise anzunehmen. Wir sehen darin
auch, wie die Ideen und Haltungen der Religion gegenüber
durch menschliche Beziehungen geformt werden.

Es ist nicht schwer zu sehen, daß die Beziehung zwischen Eltern und Kind einer normalen angemessenen, ununterbroche-
nen Liebe bedarf, einer Liebe, die weder zu groß noch zu klein
ist. Zu viel oder zu wenig bedrohen das zukünftige Liebesleben
des Kindes und natürlich auch das religiöse.

Die Griechen benützten dieses ursprüngliche egozentrische Stadium in der Entwicklung des Kindes, um daraus eine ihrer
schönsten Legenden zu kreieren – die Legende des Narziß, der
sein eigenes Spiegelbild in einem Teich sah, sich in sich selbst
verliebte und ertrank. Aus dieser Legende beziehen wir das
Wort »Narzißmus« und meinen damit die Liebe zu sich selbst.
Die erste und größte Liebe des Kindes richtet sich auf sich selbst
und von dort aus auf die Eltern. Wenn der ersten Liebe des Kindes nicht richtig begegnet wird, zieht es sich wieder in sich selbst
zurück und bleibt in seinem Narzißmus stecken.

Ann R. war ein Einzelkind. Ihre Mutter war reich, schön und besaß eine wichtige soziale Stellung. Bald nach ihrer Geburt wurde
Ann verschiedenen Kindermädchen und Erzieherinnen übergeben, und sie sah ihre Mutter nur wenige Augenblicke während
des Tages. Die Mutter versorgte sie mit allem, was man mit Geld
kaufen konnte, aber gab ihr nichts von sich selbst.

Das Ergebnis war, daß Ann, obwohl sie nach außen hin fröh-
lich und phantasievoll schien, in Wirklichkeit unsicher und miß-

trauisch wurde. Während einer Phase litt sie an tiefer Depression, doch da sie sich so gut zu verstecken wußte, konnte sie das vor allen verbergen. Sie wollte und konnte niemandem trauen. Und wenn jemand sich um ihre Freundschaft bemühte, suchte sie nach irgendwelchen hintergründigen Motiven.

Ihre Jugend, ihr Charme, ihre gute Erziehung und ihr Reichtum befriedigten sie nicht. Sie konnte kein wirkliches oder positives Interesse für irgend jemanden aufbringen.

Dieser Mangel an Teilnahme schloß natürlich auch den Glauben an Gott aus. Obwohl sie Mitglied der Gemeinde ihrer Eltern gewesen war, driftete sie schon in jungen Jahren weit weg. Anns Fall ist ein Beispiel für Narzißmus. Die Liebe, die sie in ihrer Kindheit fühlte, war durch ihre Mutter zurückgewiesen worden und hatte sich wieder auf sich selbst gerichtet.

Wenn man überall seinen versteckten Feind erwartet, kann man keine befriedigende Beziehung aufbauen. Ein solches Mißtrauen tötet die Liebe. Wenn man glaubt, daß Liebe immer eine schmerzvolle Fessel bedeutet, wird sie unmöglich. Es ist gleich, ob sich dieses Gefühl auf Tatsachen oder auf Einbildung fundiert, gleich, ob die Verletzung der Psyche wirklich oder imaginär ist, der Einfluß jedenfalls ist bestimmend. Erst wenn diese versteckten Behinderungen beiseite geschafft sind, kann der Mensch eine wirkliche persönliche religiöse Beziehung aufbauen.

Sowohl der Glaube an die Eltern wie auch der an Gott basiert auf Liebe. Man kann bewußt mit aller Kraft lieben und sich bewußt darum bemühen, eine gute Beziehung zu Gott zu haben. Doch diese bewußten Bemühungen reichen nicht aus. Im Unterbewußtsein liegen unsere tiefsten Gefühle und unsere tiefsten emotionellen Blockaden.

Erst wenn wir unsere Grenzen erkennen, können wir Hilfe von außen annehmen. Einige helfen sich durch Philosophie oder Ethik, andere durch Religion. Das Leben ist zu kompliziert und unvorhersehbar, um ihm allein entgegenzutreten. Wir alle haben das Bedürfnis nach einer unterstützenden Kraft jenseits unserer selbst, der Verkörperung einer Kraft, an die wir uns anlehnen oder einer Quelle, aus der wir schöpfen können.

Norman Vincent Peale:
Glauben und hoffen

Das Dampfschiff Statendam, eines der größten Schiffe auf dem Nordatlantik, wurde im Hafen von Rotterdam zerbombt und verbrannte, als die Nazis im Zweiten Weltkrieg Holland besetzten. Sein Kapitän, mein alter Freund George Barendse, befand sich zu der Zeit auf einem anderen Schiff auf dem Weg nach Amerika.

Als der Kapitän in den Vereinigten Staaten ankam, versuchte er, sich mit seiner Frau und seinem Jungen in Holland in Verbindung zu setzen. Er hatte von der systematischen Bombardierung Rotterdams gelesen. Es hieß, daß viele Menschen getötet seien und ein Drittel der Stadt in Schutt und Asche gelegt worden sei. Es gelang ihm nicht, sich mit seiner Familie in Verbindung zu setzen.

Sein Schiff war zerstört, seine Frau und sein Kind möglicherweise verwundet oder gar tot. Seine Heimatstadt war eine Ruine und sein Land besetzt. Unter diesen Umständen kam der Kapitän an jenem tragischen Sonntagmorgen im Mai 1940 in meine Kirche. Ich sah ihn auf seiner Bank, vor Sorge gebeugt. Seinetwegen änderte ich die Auswahl der Lieder. Und die große Gemeinde sang, wie ich selten hatte singen hören. Ich war bewegt, als ich den tapferen Kapitän sah, einer der größten Seemänner der Welt, mit seinen mit Tränen gefüllten Augen und einem unbeugsamen Glauben in seinem Herzen.

Danach aß der Kapitän bei uns zu Mittag. Er erzählte von seinen Erlebnissen in Europa. Wir sprachen über sein Schiff und seine Familie. Der Kapitän, der einen tiefen Glauben besaß, sprach vor dem Essen ein großartiges, mutiges Gebet, als ich ihn bat, die Mahlzeit zu segnen:

»Gott, hilf mir, nicht zu hassen. Führe mich in Gedanken, in Rede und in Handlungen, damit ich zu jenen, welche die im Krieg stehenden Länder führen, gelangen möge... Dein Wille geschehe, Dein Reich komme.« Die Worte kamen einzeln, langsam, als würden sie aus seiner Seele herausgemeißelt. »Gott, behüte meine Frau und mein Kind. Bevor sie meine Frau wurde, gehörte sie Dir, Herr; bevor mein kleiner Junge zu mir kam, gehörte er Dir, Vater. Sie sind in Deinen Händen. Ich vertraue Dir. Dein Wille geschehe.«

Dort, an unserem eigenen Tisch, bei einem einfachen Familienessen, saßen wir in Ehrfurcht vor einem großen Christen. Wir sahen in diesem holländischen Kapitän, unerschütterlich inmitten des Zusammenbruchs, die wunderbare Größe des christlichen Glaubens, die Herrlichkeit von Seele und Geist, die er im menschlichen Herzen hervorruft. Es verschlug uns die Sprache, und unsere Herzen waren berührt, als wir diesem Sieg zusahen, dem Sieg des Glaubens in der Seele eines Menschen.

In meiner Kirche gibt es eine junge Frau, die Tochter eines prominenten Arztes, der ihr bei seinem Tode ein großes Vermögen hinterließ. Die Erbschaft wurde jedoch angefochten. Die Tochter hatte keine Mittel, um einen Prozeß zu führen. Doch ein alter Freund der Familie, ein Anwalt, kam ihr zu Hilfe, übernahm den Fall und schoß ihr die nötigen Mittel vor.

Nach einem langen Prozeß erlangten sie ein Urteil, das zu ihrem Nachteil war. Sie hatte alles verloren. Gemeinsam spazierten sie von dem Gerichtsgebäude aus die Straße hinunter. Nachdem sie längere Zeit schweigend vor sich hin gegangen waren, wandte sich der Anwalt an die junge Frau.

»Ist etwas nicht in Ordnung?« fragte er. »Geht es dir nicht gut?«

»Doch, natürlich«, antwortete sie. »Es geht mir bestens. Warum fragst du?«

Er schaute sie erstaunt an. »Hast du denn nicht verstanden, was passiert ist? Du hast alles verloren und besitzt keinen einzigen Pfennig! Und dennoch bist du weder voller Panik noch hysterisch. Es sieht nicht so aus, als ob dich das bedrückte. Statt dessen bist du so ruhig, daß ich mir regelrecht Sorgen mache.«

Da sagte die junge Frau: »Komm mit mir in den Park. Wir setzen uns auf diese Bank. Und dann will ich dir alles erklären.«

Sie gingen in den Park hinüber und sie sagte: »Vielleicht verstehst du das nicht. Doch während des ganzen Prozesses habe ich gebetet, daß Gottes Wille geschehe. Ich konnte nicht für meinen eigenen Sieg beten, wenn dies nicht Gottes Wille war. Nun ist ein Urteil gegen mich gefällt worden. Und obwohl ich es nicht verstehe, weiß ich, daß es Gottes Wille ist. Ich nehme es an und fühle nur Frieden in meinem Herzen.«

Er betrachtete sie voller Staunen und sah die Ruhe und die Kontrolle in ihrem Gesicht. Ihre Ehrlichkeit war beeindruckend.

Monatelang mußte die junge Frau, die viel Geld erwartet hatte, mit den Umständen kämpfen. Doch ihr ehrlicher Glaube half ihr dabei. Und es gelang ihr, sich selbst zu erhalten.

Eines Tages träumte sie, sie solle den Fall vor die nächste Instanz bringen. Sie erzählte dem Anwalt davon und überredete ihn, den Fall wieder zu eröffnen. Nach einigen Wochen wurde ein neues Urteil gefällt, diesmal zu ihren Gunsten. Wieder spazierte sie mit ihrem Freund aus dem Gerichtssaal. Er sagte zu ihr: »Ich habe einen neuen Namen für dich. Von nun an will ich dich kleines Fräulein Glauben nennen.«

Dieser Vorfall unterstreicht die Bedeutung des ganzherzigen und aufrichtigen Gebetes der jungen Frau. Sie wollte nichts für sich selbst, wenn es nicht Gottes Wille war, und fand sich mit der für sie negativen Antwort ab. Ihr Sehnen und ihr Ziel waren rein spiritueller Art. Ihre persönliche Hingabe öffnete für sie den ungehinderten Fluß göttlicher Kraft.

Ich habe diese beiden Fälle aufgeführt, um zu zeigen, daß in zwei Leben, die sich durch alles unterscheiden, außer durch die Hingabe an Gott, die Antwort im Glauben liegt. Welch wichtige Frage entsteht aus diesen Beispielen: Wie können wir diesen Glauben erlangen?

Immer wieder wird den Menschen gesagt, sie sollen glauben, doch ich möchte in diesem Kapitel zeigen, wie man glauben *kann*. Ich möchte Ihnen ganz persönlich helfen, glauben zu können, damit Sie ein nützliches, wirkungsvolles und zufriedenstellendes Leben führen können. Ich bin davon überzeugt, daß fast alle Menschen sich ehrlich das Wohl wünschen, das ihnen der

Glauben schenken kann, daß sie aber nicht wissen, wie sie ihn erlangen können. Sie kennen die Techniken des Glaubens nicht. Der Durchschnittsmensch weiß, daß Religion Kraftquellen besitzt, die ihm zugänglich wären, doch kennt er keine Methode, um diese Kraft anzuzapfen.

Ich könnte Ihnen erzählen, daß alles, was Ihnen Sorgen bereitet, jede Schwäche und jedes Unglück, aus dem Weg geschaffen werden kann. Was würden Sie dazu sagen, wenn ich Ihnen mitteilte, daß alles in Ihrem Leben stark und wirkungsvoll sein kann? Wahrscheinlich wären Sie skeptisch. Sie würden bezweifeln, daß solche großartigen Ergebnisse möglich sind. Einigen Menschen ist nie etwas Großartiges passiert. Deshalb glauben sie auch nicht, daß es geschehen kann. Sie leiden an dem, was einer unserer großen Denker als »große Untätigkeit der Seele« bezeichnen würde.

Jedes Leben kann vollständig verändert werden. Alles, was auf negative Weise in das Leben eingreift, kann ausgeschaltet oder kontrolliert werden. Dies ist keine Hypothese, sondern kann aus den Erfahrungen vieler Menschen bestätigt werden. Diese Menschen erlernten Glaubenstechniken und fanden somit ein heilendes Element, dem keine Erkrankung der Persönlichkeit widerstehen konnte. Wie die meisten epochemachenden Prozesse, handelt es sich um etwas ganz Einfaches.

Die Kunst des Glaubens kann durch zwei Dinge entwickelt werden, wenn man den Anweisungen folgt:

● Regelmäßig auf einfache Weise beten oder meditieren.
● Das Leben mit einer Haltung kindlichen Vertrauens dem Willen Gottes zu übergeben.

Der verstorbene Henry Drummond war einer der großen Gelehrten unserer Zeit. Außerdem war er ein spirituelles Genie, einer der wenigen Menschen, die in die spirituellen Gesetze Einblick hatten. Drummonds Geheimnis ist so einfach, daß sich jeder dessen bedienen kann: »Zehn Minuten am Tag in der Gesellschaft Christi, ja sogar zwei Minuten werden den ganzen Unterschied ausmachen.«

Folgen Sie diesem Vorschlag und Sie werden verstehen, wie dieser kleine Augenblick am Tag Ihr ganzes Leben verändern kann. Einige Menschen, die stark und strahlend glücklich sind, leben wie aus einer großen seelischen Tiefe heraus. Wenn man ihr Lebensprogramm genau betrachtet, findet man tägliche Augenblicke spiritueller Meditation darin. Diese einfache Übung läßt uns Ängste, Schwächen und jene tragischen Unfähigkeiten, die aus unserem Leben so ein Durcheinander anrichten, in den Griff bekommen.

Die Eile und Hetze unseres täglichen Lebens wird oft als Ausrede benützt, keine Zeit zu haben, um täglich ein persönliches Gebet zu sprechen oder zu meditieren. Das ist natürlich Unsinn. Wir haben für alles, was wir wirklich wollen, Zeit. Jeder Mensch kann einmal am Tag zehn Minuten allein sein, um Körper, Geist und Seele zu entspannen und sich Gott gegenüber zu öffnen, damit die göttlichen Energien in seinen Geist hineinfließen können.

Es gibt eine bestimmte Geistesqualität, durch die wir mit Übung uns in uns selbst zurückziehen können, um in unserem eigenen, stillen, inneren Tempel zu sein. Gleich ob in einem Zug, einem Bus oder einer Untergrundbahn – wir vermögen unsere Augen zu schließen, unseren Geist auf Christus zu richten und uns aus der geschäftigen Welt einige Minuten lang zurückzuziehen, in jene Vereinigung, die uns für den Rest des Tages Kraft und Sicherheit schenkt.

Ich plädiere für diese Methode; denn sie ist durchführbar und sinnvoll, um Glauben zu entwickeln. Wenn man jeden Tag in spiritueller Verbindung mit Christus lebt, wird der Glauben tief und sicher werden. Gott wird zu einem richtigen Faktor in unserem Leben. Ein alter, blinder Indianer im Westen, ein großartiger Mensch, der inneren Frieden und ein freundliches Wesen ausstrahlt, zeigte mir die Quelle seiner Kraft, als er sagte: »Es ist einfach, an Gott zu glauben, wenn man mit ihm allein im Dunkeln lebt.« Er wußte, wie man glauben lernt, weil er in spiritueller Hinsicht mit Gott lebte.

Ein chinesischer Herr, erfolgreicher Börsenmakler, erzählte uns kürzlich seine spirituelle Geschichte: Er kam aus einer reichen Familie und hatte alle Möglichkeiten mitbekommen, die Wohlstand und gute Verbindungen bieten können. Schließlich löste sich alles, was er hatte, auf. Seine Frau verschwand. Und das meiste seines Geldes verlor er im Spiel. Er wurde krank und hatte einen Nervenzusammenbruch, so daß er kaum noch etwas unternehmen konnte.

An diesem Punkt in seinem Leben traf er auf einige Menschen, deren Freude am Leben ihn in Erstaunen versetzte. Dies erweckte in ihm die Hoffnung, es möge doch noch einen Weg aus seinem bedauerlichen Versagen heraus geben. Diese Menschen sagten ihm, der Weg gehe über den Glauben. Doch dieser Rat war völlig unsinnig. Er besaß keinen Glauben, weder an Gott noch an seine Mitmenschen, schon gar nicht an sich selbst. Und doch hatte er eine jener seltenen Seelen, die, wenn sie einmal von großen Möglichkeiten überzeugt sind, sich von keinem Hindernis zurückhalten lassen.

Also begann er, sich ein tägliches Programm aufzustellen, wie er mit Gott in Verbindung treten könnte. Ein weiser Freund sagte ihm, auf diese Art könne er Glauben erlangen. Es war schwierig für ihn durchzuhalten, weil er so nervös war. Aber er hielt sich streng an sein Programm. Dreißig Minuten meditierte er jeden Morgen und stellte vier Fragen:

- Was ist in den letzten vierundzwanzig Stunden passiert, wofür ich Gott dankbar sein sollte?
- Welche Sünden habe ich in den letzten vierundzwanzig Stunden begangen?
- Was möchte Gott von mir?
- Für wen sollte ich beten?

Bei den ersten beiden Fragen beschränkte er sich auf die letzten vierundzwanzig Stunden; denn er war der Meinung, das Gedächtnis sei für eine längere Zeitperiode nicht scharf genug.

Der Erfolg dieser Übung war, daß er seine Unfähigkeit überwand. Sein Geist begann wieder zu funktionieren. Heute ist er ein glücklicher Mann. Ich habe manchmal in meinen Interviews, wenn ich an tiefe Erfahrungsquellen herankomme, das Gefühl, Christus sei gegenwärtig. So erging es mir auch, als dieser Mann mir seine positive Überzeugung mitteilte, daß sein Glaube an Gott sein Leben erneuert habe.

Die zweite und letztlich richtige Methode, Glauben zu haben, ist einfach, ihn zu *haben*. Viele Menschen verlieren sich darin, die seltsamsten Prozesse zu studieren, und sind sich nicht bewußt, daß das Geheimnis einfach im Glauben und im Vertrauen liegt. Deshalb sagte uns Christus auch, wir können erst das Königreich Christi betreten, wenn wir so seien wie Kinder.

Im Neuen Testament steht geschrieben: »Es wird geschehen, Deinem Glauben gemäß.« Das Gute, das uns angetan wird, steht in direktem Verhältnis zu der Kraft unseres Glaubens. »Herr, ich glaube. Hilf mir im Unglauben!« Dies ist die Haltung, die den Weg zu einem neuen Leben öffnet. Die Kraft, die aus diesem Sieg des Glaubens entspringt, gehört zu einem der beeindruckenden Phänomene unserer menschlichen Erfahrung.

Ich wurde gebeten, einen Patienten in einer Tuberkulose-Klinik zu besuchen. Dieser Mann sagte mir, er hätte in meinem wöchentlichen Radioprogramm Trost gefunden, und wollte mich sprechen. Ich habe für diesen Besuch ziemlich viel Zeit investiert, da die Klinik recht weit außerhalb der Stadt lag, aber diese Zeit war es wert – ich habe dort eine meiner inspirierendsten und erleuchtendsten Erfahrungen gemacht. Als ich den Mann traf, lag er auf einer Matratze mit einem Brett darunter, weil er Probleme mit der Wirbelsäule hatte. Er hatte nur eine Hand, aber er war einer der glücklichsten Menschen, die ich je getroffen hatte. Eigentlich war ich hingegangen, um ihm Trost zu geben; nun war ich es, der getröstet wurde, wenn auch erschüttert durch die Geschichte, die er mir erzählte.

Er war in die Klinik gebracht worden, um dort zu sterben. Er war ein erfolgreicher Rechtsanwalt gewesen, verheiratet und Vater zweier Söhne. Alles, was er hatte, wurde dazu verwandt, sein Leben zu retten.

Als er in die Klinik eingeliefert wurde, hatte er häufig schmerzhafte Blutstürze. Es war ein offensichtlich hoffnungsloser Fall. In dieser Zeit hörte er meine Radiosendung, in der folgendes aus dem Neuen Testament zitiert wurde: »Durch Christus kann ich alles tun, da er mich stärkt.«

»Sie sagten«, erklärte er, »wer auch immer, wo auch immer

Sie sind und unter welchen Umständen auch immer Sie leben, wenn Sie Ihr Leben ganz und gar in Gottes Hände legen und voll auf Ihn vertrauen, können Sie die göttliche Kraft erhalten, die Sie über alles siegen lassen wird.«

Er schaute mich offen an und sagte: »Ich hatte mein ganzes Leben lang so ähnliche Sachen gehört – das heißt, wenn ich in die Kirche ging, was nicht allzu oft der Fall war – und niemals hat es mich angerührt. In Wirklichkeit«, fuhr er fort, »glaube ich, daß ich niemals tatsächlich wußte, was es bedeutete. Aber diesmal überrollte es mich wie eine Welle, und mir wurde klar, daß es die Wahrheit war. Ich neigte den Kopf und tat, was Sie sagten. Ich denke, ich war wirklich am Ende und meinte es ehrlich, als ich mein Leben in Gottes Hand legte. Dann passierte etwas Seltsames. Ich fühlte plötzlich Frieden in mir hochsteigen. Ich war mit einem Mal davon überzeugt, daß kein Blutsturz und kein Schmerz mir noch einmal weh tun könnten. Ich ging noch weiter und wiederholte jeden Tag, einige Male am Tag, meine Übergabe an Gott. Und eines Tages glaubte ich, daß ich keinen Blutsturz mehr haben würde. Tatsächlich hatte ich seitdem bis heute keinen mehr.« (Dieses Gespräch fand zwei Jahre nach der spirituellen Erfahrung, die er vorher beschrieben hatte, statt).

Mit einem glücklichen Lächeln fuhr er fort: »Langsam geht es mir besser; aber das ist nicht das Wichtigste, was mir passiert ist. Es ist diese neue seltsame Kraft, dieser wundervolle innere Frieden, dieses absolute Gefühl, direkt mit der Macht Gottes verbunden zu sein. Meine Familie und ich, wir hatten viele schwierige Probleme anzugehen. Immer und immer wieder schienen wir in einer Sackgasse zu landen, aber Gott öffnete uns jedesmal den Weg und er wird es immer tun.«

Ich sah den Mann an und wußte, hier war wirklich Gottes Gnade am Werk gewesen. Wir beide wußten an diesem Tag, daß wir nicht über Imaginäres redeten, sondern daß es sich um die echte Erfahrung eines Menschen handelte, dem in seiner Not das Größte widerfahren ist, was einem menschlichen Wesen geschehen kann: durch Glauben zu einer wirklichen Erfahrung von Gottes Macht zu gelangen.

II
Die verborgenen Energien des Geistes

Smiley Blanton:
Die Kraft des Unbewußten

Nichts von alldem, was wir in wachem oder schlafendem Zustand erleben, geht verloren; jegliche Erfahrung wird in unserem Geist gespeichert. Einiges davon befindet sich natürlich in unserem bewußten Verstand, in unserem bewußten Gedächtnis. Aber der weit größere Anteil unseres Erinnerungsmaterials ist, wenn unser Bewußtsein es auch vergessen hat, in Wirklichkeit nur in das Unterbewußtsein verdrängt worden.

Wodurch wird diese Theorie unterstützt? Schon lange vor der modernen Psychiatrie oder Psychoanalyse zeigten Studien über die Hypnose bereits ganz eindeutig, daß dieser Erinnerungsspeicher tatsächlich existiert. Dr. August Hoch erzählte seinen Studenten von einer beeindruckenden Demonstration in der Praxis von Dr. Morton Prince, einer der ersten, die mit Hypnose arbeiteten. In einem Experiment versetzte Dr. Prince eine Patientin in tiefen hypnotischen Schlaf.

»Fünf Minuten nachdem Sie aufwachen«, sagte Dr. Prince zu ihr, »gehen Sie zum Kaminsims, nehmen ein Foto in die Hand und fragen mich etwas darüber.«

Die Frau wachte auf, ohne sich bewußt an diesen Vorschlag zu erinnern. Sie setzte sich neben Dr. Hoch, der mit ihr ein Gespräch anfing. Dr. Prince beschäftigte sich währenddessen an seinem Schreibtisch. Fünf Minuten später, fast auf die Sekunde genau, unterbrach die Frau plötzlich ihre Unterhaltung mit Dr. Hoch. Sie ging zu dem Kaminsims und nahm das Foto in die Hand, genau wie es ihr gesagt worden war.

»Entschuldigen Sie, Dr. Prince«, sagte sie, »ist das nicht ein Verwandter von Ihnen?«

»Nein«, antwortete er. »Warum fragen Sie?«

»Naja, ich hatte das Foto schon vorher hier gesehen«, erklärte sie, »und da scheint eine Ähnlichkeit mit Ihnen zu bestehen.«

In Wirklichkeit war das Foto an genau diesem Tag zum ersten Mal dorthin gestellt worden.

Ohne die Theorie über die Existenz der unbewußten Erinnerung könnte man die Fähigkeit, Dinge während des Schlafes zu unterscheiden, nicht begründen. In einer Klinik schliefen vier interne Patienten in einem Raum. Um sie zu rufen, wurde ein elektrischer Summer benützt, mit je einer anderen Tonlänge für jeden Kranken. Jeder der vier wachte schließlich nur durch seinen eigenen Summton auf, ohne zu hören, wenn einer der anderen gerufen wurde.

Aber das Unbewußte ist mehr als ein Speicher für verborgene Erinnerungen. Es beinhaltet ebenso das, was wir bei dem Erlebten fühlten. Von der Geburt bis zum Tode geschieht dem Menschen nichts, was nicht Gefühle, sei es angenehme oder unangenehme, mit sich bringt. Zusammen mit den verdrängten Erinnerungen werden auch diese Gefühle verdrängt, so daß das Unterbewußtsein am Ende nicht nur diese Erinnerungen, sondern auch die dazugehörigen, nicht losgelassenen Gefühle speichert.

Vor mehr als dreißig Jahren beschrieb der Psychologe William James diese verdrängten Erinnerungen und Gefühle als »verborgene Energien«. Die moderne Psychiatrie kam nach sorgfältigen klinischen Beobachtungen zu dem Schluß, daß die Quelle dieser Kraft im Unterbewußtsein liegt und daß die meisten unserer Tätigkeiten durch sie motiviert werden.

In Wirklichkeit nutzen die meisten Menschen in ihrem Leben aber nur einen geringen Teil dieser verfügbaren Energie. Die restliche Energie wartet in der Reserve nur darauf, losgelassen zu werden.

Aber kann man sie willentlich hervorholen; kann man sie für den täglichen Gebrauch herauslassen? Kann diese gespeicherte, verborgene Kraft durch Verstehen zum Fließen gebracht werden? Normalerweise ist der Auslöser dafür eine plötzliche, akute Krise. In diesen Momenten kommen die untergetauchten Energien nach oben und verhelfen so zu unerwarteter Kraft und Ausdauer.

Diese plötzliche Kraft kann manchmal ein Leben verändern. Ein in Paris lebender russischer Ingenieur hat mir von einem solchen Fall erzählt. Es handelte sich um seine Mutter, die während der chaotischen Zeit der russischen Revolution Schreckliches durchgemacht hatte.

»Mein Vater, damals Offizier der Armee des Zaren, wurde vor ihren Augen von einer herumstreunenden Bande erschossen. Sie selbst konnte mit meinem Bruder und mir, als wir zehn und zwölf Jahre alt waren, mit knapper Not aus Rußland entkommen. Dann folgten Monate, während derer wir umherirrten, unter schrecklichen Bedingungen und oft am Rande des Verhungerns. Schließlich erreichten wir Paris, wo Mutter ein Zuhause für uns fand.

Aber die grausamen Erfahrungen der vergangenen Monate hatten sie gezeichnet. Sie bekam Diabetes, Magengeschwüre und Magenblutungen. Noch schlimmer jedoch waren ihre Depressionen. Sie verlor das Interesse an allem und wurde bettlägerig. Da lag sie, einen Tag nach dem anderen, wie ein lebender Leichnam. Es war keine normale Depression. Es war, als wäre ihr Lebensfaden gerissen.

Bevor sie das Bett hüten mußte, hatte sie immer in der Nachbarschaft in einem Gemüseladen eingekauft. Die Besitzerin war, nachdem ihr Mann und ihr Sohn im Krieg gefallen waren, nach Paris gekommen. Ihr beiderseitiges Leid hatte ein Band der Sympathie zwischen den Frauen geknüpft, und so kam die Gemüsehändlerin eines Tages, nachdem meine Mutter schon sechs Monate lang krank war, vorbei.

Die Französin setzte sich an das Bett meiner Mutter und sprach ganz ruhig mit ihr. Ich war gerade dabei, das Geschirr abzuwaschen und hörte zunächst gar nicht hin. Aber dann ließ mich etwas aufhorchen; ich hörte auf abzuspülen und lauschte. Die Bäuerin versuchte, meine Mutter von der Notwendigkeit, wieder gesund zu werden, zu überzeugen.

›Sie dürfen nicht einfach so aufgeben, liebe Freundin‹, sagte sie. ›Ich weiß, daß Sie viel Unglück und Trauer durchgemacht haben. Aber Sie haben immer noch Kraft zum Gesundwerden. Sie müssen an Ihre Kinder denken. Die brauchen Sie. Es ist Ihre Pflicht zu leben.‹

Einen Moment lang herrschte Stille. Dann fügte die Landfrau noch sehr betont hinzu: ›Es ist Gottes Wille.‹

Einige Minuten lang sagte niemand etwas. Dann passierte etwas ganz Außergewöhnliches. Meine Mutter, die seit Monaten wirklich bettlägrig war, stand plötzlich auf. Sie zog sich den Morgenmantel über, kam herüber zu mir und sagte: ›Laß mich abwaschen, mein Sohn.‹

Ich war erstaunt, daß ich kaum glauben konnte, was ich eben gehört hatte. Ich wollte protestieren, aber meine Mutter schob mich einfach beiseite.

›Nein, nein! Ich werde jetzt abwaschen. Geh du hinaus zum Spielen.‹

Von diesem Tag an nahm meine Mutter wieder ihren Platz in der Familie ein, ruhig, mutig und tüchtig. Bald ging es ihr besser, und noch jahrelang danach blieb sie eine rüstige Frau.«

Die Worte der Bauersfrau, »Es ist Gottes Wille«, erschienen der Kranken wohl wie ein Befehl des Himmels. Sie lösten den Impuls aus, der ihre Energiereserven nach oben kommen ließ und sie so wieder in die Gesellschaft integrierte.

Auch religiöse Bekehrungen sind oft das Ergebnis von Einflüssen, die im Unterbewußtsein jahrelang geschlummert haben. Ein gutes Beispiel dafür ist der Saloon- und »Spielhöllen«-Besitzer, Sproß einer angesehenen Familie aus dem Süden, der wohl ehrlich spielte, aber ganz offensichtlich der christlichen Erziehung seiner Mutter zuwider handelte. Nachdem er den großen Prediger Sam Jones über die Laster des Trinkens und Spielens sprechen hören hatte, schloß er seine Lokale und begann ein neues Leben. So hatte offenbar doch die christliche Erziehung seiner Mutter in seinem Unterbewußtsein geschlummert.

Auf diesem Wege können auch kriminelle Tendenzen plötzlich zum Ausdruck kommen. Es ist möglich, daß ein aufrechter

Mann die Welt durch ein unerwartetes Verbrechen überrascht, obwohl er sich selbst nicht über Nacht geändert hat. Asoziale Triebe haben sich über Jahre hinweg in seinem Unterbewußtsein entwickelt und werden eines Tages nach oben geschwemmt.

Emotionen im Unterbewußtsein sind oft so stark, daß sie ernste physische wie auch psychische Krankheiten hervorrufen können. Eine junge Frau wurde jedesmal krank und hatte schreckliche Angst, wenn es Gewitter gab. Ihre eigene Erklärung dafür war eigentlich recht logisch. Sie leide darunter, sagte sie, seitdem vor einigen Jahren ein Blitz in einen Baum eingeschlagen hatte, neben dem sie gerade gestanden hatte. Als aber Nachforschungen darüber angestellt wurden, kam etwas anderes heraus.

Ihr Problem fing nämlich erst drei Jahre nach dem Vorfall mit dem Baum an. Die große Angst überfiel sie zum ersten Mal an einem Frühlingstag, als ihr Vater von der Arbeit zu Hause geblieben war. Er war ein fleißiger Mann, der nie zu Hause blieb, wenn er nicht wirklich ernsthaft krank war. Und die Tochter fühlte, daß etwas absolut nicht in Ordnung war. Sie stand am Fenster und blickte auf die von Wolken überschattete Landschaft, als es plötzlich donnerte. Da stieg in ihr große Angst um ihren Vater auf. Er starb kurz nach diesem Vorfall. Beim nächsten Gewitter überfiel sie die Panik. Das Gewitter war mit dem Tode ihres Vaters verknüpft. Zwischen beiden Erlebnissen gab es eine dunkle Verbindung, derer sie sich zwar absolut nicht bewußt war, die jedoch so stark war, daß sie ihr Denken, ihre Gefühle und sogar ihre Gesundheit beeinflußte.

Daß das Unterbewußtsein existiert, wird nicht länger ernsthaft bestritten. Die Frage, ob es diese verborgenen Energien wirklich gibt, ist beantwortet. Aber der Beweis ihrer Existenz hätte keinen praktischen Wert, würde nicht weitergeforscht, um die Struktur des Unterbewußtseins kennenzulernen und eine Methode zu entwickeln, mittels derer seine verborgenen Energien befreit und so die Konflikte und Verzerrungen, die das tägliche Leben in der Arbeit, in der Freizeit und in der Liebe beeinträchtigen, gelöst werden können. Glücklicherweise gibt es für die Leiden der Mehrheit eine gute Therapie. Ihre Entdeckung und Entwicklung verdanken wir der bemerkenswerten Arbeit von Sigmund Freud. Er fand eine Technik zur Lösung dieser Konflikte. Freud zeigte, daß Träume normalerweise verstellte, verzerrte symbolische Erfüllungen kindlicher Wünsche darstellen. Er zeigte auch eine klare Beziehung zwischen den Träumen und mentalen und emotionalen Krankheiten auf, die unsere Kräfte unterdrücken oder sie so stören können, daß physische Unregelmäßigkeiten auftreten. Seine wissenschaftliche Methode, dieser Verdrängung beizukommen und die Verzerrungen zu entwirren, ist noch immer das beste Mittel, um unbewußte Prozesse aufzuspüren.

Die Traumanalyse zeigt auf, daß das Unterbewußtsein viele Wünsche, Konflikte und Hemmungen aus der Kindheit aufgespeichert hat. Die meisten davon resultieren aus der Kind-Eltern-Beziehung. Ein Baby ist, wie wir wissen, zunächst ein hilfloses Wesen, dessen Persönlichkeit zuerst einmal aus egozentrischen Bedürfnissen besteht, die durch andere gestillt werden. Dann aber kommt es zu einem Konflikt zwischen seinem Ego und der äußeren Welt, der nur durch den Tod beendet wird.

Einem Kind können natürlich nicht alle Wünsche erfüllt werden. Da dies in seiner ersten Lebenszeit aber der Fall war, hat das Kind die irrige Annahme entwickelt, daß ein Bedürfnis automatisch befriedigt wird. Der Wunsch und seine Erfüllung sind für seinen Verstand ein und dasselbe. Wenn seine Wünsche nicht erfüllt werden, ist es wütend und enttäuscht. Es möchte sich an der Realität rächen, die ihm einen Strich durch die Rechnung macht. Wenn es etwas tun soll, was ihm nicht behagt, wenn es zu Bett geschickt wird, wenn ihm ein gefährliches Spielzeug weggenommen wird oder wenn es aus der Badewanne geholt wird, schreit oder denkt es: »Ich mag dich nicht! Du bist böse!« Normalerweise ist diese Abneigung nicht sehr stark und wird assimiliert, sobald das Kind größer wird. Aber die Frustration bleibt ganz tief in ihm stecken.

Die stärkste Liebesbeziehung eines Kindes ist die zur Mutter und zum Vater, und es sträubt sich, diese für es selbst so wichtige Beziehung aufzugeben. Es versucht, sich an seine kindliche Liebe zu klammern und die Eltern weiterhin zu dominieren.

Hier mag es Eltern geben, die dieser kritischen Situation nicht gewachsen sind; sie lieben ihr Kind vielleicht nicht genug oder zu sehr, oder sie erwidern seine Liebe zu einem hohen Preis.

Die psychologische Entwöhnung des Kindes kann zu lange hinausgezögert werden oder zu plötzlich vor sich gehen. Das Kind fühlt sich durch diese notwendige »Abnabelung« abgewiesen und reagiert mit einem mehr oder weniger starken Widerstand. Aber es möchte ja weiterhin die liebevolle Zuwendung seiner Eltern für sich erhalten. Also steht ihm seine eigene Feindseligkeit im Wege und wird so ins Unterbewußtsein verbannt, wo sie weiter wirkt, von ihm aber nicht mehr gespürt wird. Normalerweise ist das Kind jedoch noch nicht fähig, diese negativen Gefühle ganz zu verbannen. Sie steigen ab und zu nach oben. Also gibt es immer wieder Augenblicke, in denen es sich den Eltern liebevoll nähert, sie dann aber plötzlich zornig abblitzen läßt.

Diese Fähigkeit des Kindes, dieselbe Person praktisch gleichzeitig zu lieben und zu hassen, ist als *Ambivalenz* bekannt. Und das Unterbewußtsein behält diese widersprüchliche Eigenschaft das ganze Leben hindurch bei; das heißt, auch das Leben des Erwachsenen wird auf unverhoffte Weise plötzlich davon beeinflußt. Ein brillanter Student litt zum Beispiel sehr darunter, wenn er auch nur die kleinste Entscheidung treffen sollte. Wollte er in die Stadt gehen, blieb er plötzlich stehen, wandte sich um, sollte er oder sollte er nicht gehen. Er konnte sich nicht entscheiden.

Ambivalente Impulse kommen jedoch nicht immer so intensiv zum Ausdruck. Dennoch haben viele Menschen große Schwierigkeiten, Entscheidungen über tagtägliche Dinge zu treffen. Sie verausgaben viel Energie, indem sie von einer Sache auf die nächste blicken, ohne sich dabei auf eine festzulegen zu können. Diese ambivalente Verhaltensweise ist normalerweise das Ergebnis unbewußter Verdrängung aus der Kindheit. Verdrängen zu können – das heißt unerwünschte Bedürfnisse nicht ins Bewußtsein steigen zu lassen – ist ein nötiger Mechanismus für den Verstand. Er fängt immer dann an zu arbeiten, wenn Triebe oder Wünsche aufkommen, die die Moral einer Person in Gefahr bringen oder zu einem Konflikt mit der sozialen Gruppe, in der sie sich befindet, führen würden.

Nun können aber diese Impulse, üblicherweise kindlichen Charakters, nicht ganz und gar unterdrückt werden. Sie zeigen sich in Träumen, in ambivalenten Verhaltensweisen oder sogar in obsessiven Gedanken oder Handlungen, so wie zum Beispiel der alte Dr. Johnson unwiderstehlich den Drang verspürte, alle Laternenpfähle zu berühren, an denen er vorbeikam.

Verdrängung ist auch für das Vergessen verantwortlich. Wenn uns etwas Unangenehmes sehr negativ beeindruckt, ruft dies einen Widerstand im Unterbewußtsein hervor, und so wird der bewußte Verstand dazu gebracht, zu vergessen. Die meisten Menschen widersprechen dieser Erklärung heftig. Sie wollen nicht glauben, daß sie absichtlich etwas vergessen könnten, an das sie sich doch erinnern möchten. Ihr Widerspruch stützt sich auf die irrtümliche Annahme, daß jeder Wunsch das ist, was er augenscheinlich darstellt.

Um die zugrunde liegende Ambivalenz besser verstehen zu können, müssen wir die Impulse kennen, die ein so wichtiges Element unseres Unterbewußtseins sind. Aber diese sogenannten vergessenen Erinnerungen auf den Plan zu rufen, ist uns alleine oft nicht möglich. Wir brauchen die technische Hilfe der Psychoanalyse dazu. Was einen tiefen Eindruck auf uns gemacht hat, was sich dem Geist einmal eingeprägt hat, wird selten wirklich vergessen; es ist nur ganz tief vergraben.

Ich kannte einen jungen Mann, der unter tiefem Mißtrauen und unter Gleichgültigkeit litt. Diese Gefühle hatten sich in seiner frühen Jugend entwickelt. Seine Mutter wollte ganz bewußt ihre Kinder nicht mit zu viel Liebe verwöhnen, obwohl sie sie herzlich liebte. Aber ihr jüngster Sohn legte ihr dieses Verhalten als Liebesmangel aus.

Sein Psychoanalytiker holte aus seinem Unterbewußtsein ein einschneidendes Erlebnis hervor. Eines Tages, als er etwa sechs Jahre alt war, schalt ihn seine Mutter wegen einer kleinen Missetat. Er kniete sich vor sie auf den Boden und umschlang ihre Knie.

»Mutter«, rief er heftig, »hast du mich nicht lieb? Willst du mich nicht liebhaben?«

Sie befreite sich ruhig von ihm und ging, ohne ein Wort zu sagen, weg.

»Ich hatte das Gefühl«, sagte der junge Mann zu mir, »als sei mir der Himmel auf den Kopf gefallen.« Dieses jahrelang vergessene Schlüsselerlebnis stellte sich als Ursache für seine psychischen Schwierigkeiten heraus.

Vergessene Erinnerungen können uns auf ganz besondere Weise beeinflussen, weil das Unterbewußtsein nicht wie der bewußte Verstand Ereignisse zeitlich einordnen kann. Ins Unterbewußtsein verdrängte Impulse aus der Kindheit sind nach fünfzig Jahren noch genauso machtvoll wie an dem Tag, an dem sie ausgelöst wurden. Man könnte sagen, daß unser Unterbewußtsein nicht gelernt hat, mit der Zeit umzugehen.

Das Unbewußte hat jedoch noch andere Komponenten als verdrängte Wünsche und vergessene unangenehme Erinnerungen. Es ist auch die Quelle unserer tröstlichsten Gefühle, unserer Liebesfähigkeit und unserer Stärken. Auch die Religion entspringt dem Unterbewußtsein. Es ist und bleibt hauptsächlich eine gefühlsmäßige Erfahrung; verstandesmäßig kann es nicht erfaßt werden.

Auch beinhaltet das Unterbewußtsein die Verhaltenstendenzen des primitiven Menschen, die in uns allen noch vorhanden, wenn auch verdrängt sind. Daher kommt der Aberglaube, wie zum Beispiel, daß niemals dreizehn Personen an einem Tisch sitzen sollten, daß man auf Holz klopft, um Unheil abzuwenden. Auch irrtümliche Annahmen von »Magie« entstehen daraus: Wenn man Tieren rohes Fleisch zu fressen gebe, würden sie bösartig.

Bei jedem einzelnen kommen diese Tendenzen verschieden stark zum Ausdruck, je nachdem wie tief sie verwurzelt sind. Einige richten sogar ihr Leben nach dem Aberglauben aus; alle jedoch haben wir Überbleibsel aus dem primitiven Denken in uns, die unsere moderne Denkart beeinflussen.

Tatsächlich hängen die Energie und Stärke eines Menschen

von seinen Instinkten – Selbsterhaltung und Reproduktion – ab, die aus dem Unterbewußtsein durchsickern. Wenn diese Grundenergie und -stärke auch amoralisch und asozial ist, so verleiht sie doch dem Individuum dynamische Kraft. Sofern sie nicht auf disziplinierte Art und Weise zum Ausdruck kommt und positiv angewandt wird, kann sie eine Persönlichkeit vernichten oder sogar ganze Gruppen, durch Aggressionen und Grausamkeiten, wie sie überall auf der Welt zu beobachten sind.

Glücklicherweise hat der Mensch durch seine Vernunft die Fähigkeit, diese primitive instinktive Energie zu verändern und sie zum Guten zu wenden. Sie kann nicht unterdrückt, sondern muß kontrolliert werden. Der Mechanismus für diese Kontrolle wird Sublimierung genannt, eine Läuterung dieser Energien für wünschenswerte Ziele.

Der Drang zur Aggressivität im Kleinkind ist ganz normal. Er ist eine Quelle für große Energie. Und als solche muß sie gesteuert werden. Im normalen Leben kann der Kampftrieb des Jungen zum Sport umgeleitet werden, wie Fußball, Boxen oder Klettern. Auf diese Art sublimiert, hilft er dem Jungen später vielleicht einmal, Forscher oder Ingenieur zu werden. Wird der Trieb allerdings unterdrückt, so mag das zu Verweichlichung oder zu überkompensierter Passivität führen, welche durch Streitsucht zum Ausdruck kommen.

Neben destruktiven Trieben beinhaltet das Unterbewußtsein aber auch den Drang zum Konstruktiven. Ihm entspringen künstlerische Phantasie und höchst kreative Fähigkeiten.

Ebenso liegt darin das Gewissen des Menschen, sein Gefühl für Gut und Böse. Ein Teil dieses Gewissens ist auch im bewußten Verstand vorhanden; aber dieser Teil ist nur sehr gering. Die wirkliche Basis für die Moral des Menschen steckt ganz tief im Unterbewußtsein. Dort haben es frühe Einflüsse in Schichten aufgestapelt und so die Basis für sein Moralempfinden geschaffen. Ohne dieses unbewußte Moralempfinden wäre das Leben sehr schwierig. Es gibt zwar Situationen, in denen man ganz bewußt vorsichtig etwas abwägen muß, aber normalerweise ist es unmöglich, alle paar Minuten zu überlegen, ob man etwas richtig macht oder nicht. Der Mensch handelt ganz automatisch. Er fühlt »intuitiv«, ob eine bestimmte Handlung nun richtig oder falsch ist. Hier zum Beispiel verläßt er sich auf seine Früherziehung, wo er gelernt hat, ob er sich bestechen läßt, einen Meineid leistet oder seinen Nächsten übervorteilt.

Das Problem des Menschen ist, seine Energie aus dem Unterbewußtsein so einzusetzen, daß sie die meiste Wirkung erzielt. Die kindlichen Instinkte müssen so sublimiert werden, daß sie einem positiven Zweck dienen. Die primitiven Ziele müssen umgewandelt und die dafür verwandte Energie für reifere Zwecke eingesetzt werden.

Das aber kann nicht geschehen, indem man die weniger angenehmen Aspekte des Unterbewußtseins ignoriert. Keine ethische Lehre, religiöser oder weltlicher Art, vermag gute Ergebnisse hervorzubringen, wenn sie den Menschen nicht so akzeptiert, wie er wirklich ist. Eine Besserung kann nur erfolgen, wenn der Mensch die Gesetzmäßigkeiten seiner Natur erkennt. Er muß verstehen, daß ein großer Teil seines Unterbewußtseins kindlich und amoralisch, unlogisch und irrational, grausam und wild ist. Er darf sich nicht verletzt fühlen, wenn ihm gesagt wird, daß er oft von diesen im Unterbewußtsein verborgenen Motiven geleitet wird. Wenn er das nicht akzeptiert, wird er mit Krankheit und Unglücklichsein bezahlen müssen. Auch muß er sehen, daß neben seinen asozialen Kräften sein tiefstes Moralgefühl liegt und seine edelsten Bestrebungen. Erst dann, durch Verstehen und Vernunft, kann er Ordnung in die wirren Kräfte seines Geisteslebens bringen.

Norman Vincent Peale:
Der Weg zur Quelle

Tief im Inneren eines jeden normalen menschlichen Wesens liegt ein großes Reservoir unverbrauchter Kraft, die nur darauf wartet, zum Einsatz gebracht zu werden. Bei vielen von uns sickert nur ein kleiner Teil davon an die Oberfläche, und damit arbeiten und leben wir. Es mag uns also wenig wundern, daß viele müde, unglücklich, frustriert und erfolglos sind. Wenn ein Sechzehn-Zylinder-Wagen Gefühl und Verstand besäße, wäre er wohl nicht sehr glücklich oder auch nur zufrieden, käme er mit einem Zylinder dahergestottert. Aber genau das ist es, was viele tun. Dieses Buch möchte Ihnen helfen, das Geheimnis, wie Sie Ihre Kräfte und Fähigkeiten kennenlernen und sie benützen können, zu entdecken.

Der erste Schritt, zu dem zu werden, was Sie sein *können,* ist der, zu wissen, was Sie *sind.* Niemand kann sein ganzes Kraftpotential nutzen, bevor er nicht sich selbst zu verstehen lernt. Das Problem ist, daß viele Leute, die in diesem Leben keinen Erfolg haben, tief in ihrem Inneren denken, sie seien ganz gewöhnliche Menschen. Weil sie keinen Glauben an sich selbst besitzen, verschwenden sie ihre Energien. Diese Menschen leben hauptsächlich deshalb ziellos und verirrt, weil sie nie einen Schimmer dessen erhascht haben, was sie sein könnten und was aus ihnen werden könnte. Dr. Blanton hat die Möglichkeiten für ein erfolgreiches Leben aufgezeigt, die in unserem Unterbewußtsein schlummern. Wie kann uns die Religion helfen, diese Kräfte zu wecken? In der Bibel, die mehr als jedes andere Buch Einblicke in das Wissen über das menschliche Leben beinhaltet, wird von einem jungen Mann erzählt, der das Leben zu Hause satt hatte. Er erhielt eine beträchtliche Summe Geld von seinem Vater, ging fort und vertrank es. Es heißt, er ging in ein »weit entferntes Land«, mit Recht eine gute Bezeichnung. Viele gehen so weit fort, daß sie gar nicht mehr zurückkommen. Dieser Junge *kam* zurück. Als sein Geld zur Neige ging, als er seine Arbeit verloren hatte und auch seine Freunde ihm nur noch die kalte Schulter zeigten, »kam er zu sich«. Hier geht es um einen Mann, der sich ruinierte; nicht weil er schlecht gewesen wäre, sondern weil er sich selbst nicht kannte. Als er »zu sich kam«, als er sich seiner selbst bewußt wurde, entdeckte er sich selbst. Er merkte blitzartig, daß er auf dem falschen Weg war, daß er seine Energie, seine Fähigkeiten und seine Zukunft weggeworfen hatte. »Er kam zu sich« und sah ganz genau, was er war und was er sein könnte. Da sagte er sich: »Ich will aufstehen«. Von da an ging es mit seinem

Leben aufwärts. Es wurde eine Geschichte über anpackendes und siegreiches Leben daraus.

Der christlichen Lehre wird immer mehr zuerkannt, daß sie über die zutreffendsten Techniken verfügt, um Menschen zur Selbstverwirklichung zu verhelfen. Erstaunlich gewandt dringt sie in das alltägliche Leben der Menschen ein, öffnet Türen und befreit verkümmerte Persönlichkeiten. Viele nehmen irrtümlich an, daß die Religion uns einschränkt. Ganz im Gegenteil; Religion eröffnet uns Menschen ein freieres und glücklicheres Leben. Viele erfolglose Menschen sind Gefangene – Gefangene ihrer Gefühle, Gefangene sozialer Bräuche, Gefangene ihrer selbst. Wenn diese Menschen, nachdem sie sich selbst gefunden haben, beschließen: »Ich will aufstehen und zu meinem Vater gehen«, dann hat Christus sie befreit.

Ob Sie es zugeben wollen oder nicht, Sie *sind* im Grunde ein guter Mensch. Niemand kommt sehr weit mit sich selbst, wenn er schlecht von sich denkt. Irgendwann wird sein besseres Selbst protestieren. Er kann seiner innerlichen großartigen Persönlichkeit nicht entkommen.

Vor einigen Jahren wurde im Theater ein Stück mit dem Titel »Sechs Charaktere suchen einen Autor« aufgeführt. Es ging um eine Theaterprobe, während derer verschiedene Charaktere hereingeplatzt kamen und die Schauspieler baten, von ihnen gespielt zu werden. Auf unserer Lebensbühne geht es genauso zu; großartige Rollen in uns möchten von uns vor der Welt gespielt werden.

Nathaniel Hawthorne hinterließ mit seinen Werken einen Entwurf für ein Theaterstück, das er zwar niemals fertiggeschrieben hat, dessen Möglichkeiten uns aber faszinieren. In dem Werk sollte man die Hauptperson niemals zu Gesicht bekommen. Er hätte sicher noch viel daraus machen können. Es war aber gar nicht nötig, daß Hawthorne das Stück vollendete; denn wir, Sie und ich, haben es selbst im Leben oft genug gespielt. Es ist schon traurig genug, daran zu denken, daß man ständig nur Nebenrollen spielt, den Feigling, den Verlierer, den Lügner; sich aber vorzustellen, daß man nie die Hauptperson seiner selbst verkörpert, ist tragisch. Niemals den Helden zu spüren, niemals den Hauptcharakter erscheinen lassen – das ist eine Tragödie. In jeder schwachen Person steckt eine starke Persönlichkeit, in jeder schlechten eine gute. In jedem Besiegten steckt ein Sieger. Wir müssen uns nur der Kraft in uns selbst bewußt werden, dann sind wir Lebenskünstler.

Im Rahmen dieser aufregenden Selbstentdeckung erkennen die Menschen durch ihren religiösen Glauben, daß in ihnen eine Kraft steckt, die sich nicht so leicht unterkriegen läßt. Viele moderne Menschen erleiden Niederlagen und Rückschläge, die ihren Kampfgeist fast gänzlich erlahmen lassen. Sie gestehen sich ihre Niederlage ein, und es bleibt ihnen nichts als Klagen und Verbitterung. Aber ich habe auch viele Männer und Frauen erlebt, die sich in dem Versuch, ihrem Leben wieder Kraft zu geben, dem religiösen Glauben zugewandt haben. Sie legten ihr Leben mit all seinen Problemen ganz und gar in Gottes Hand; und Gott ließ es wieder mit neuer Kraft pulsieren, als gösse er frisches Wasser in einen ausgetrockneten Tank.

Ein Mann, Ende dreißig, erzählte mir von seiner Erfahrung. Er war religiös erzogen worden, wandte sich aber schon in seiner Schulzeit vom Glauben ab. Er wurde Geschäftsmann, heiratete und schwamm im Strom der Gesellschaft mit. Spirituelle Werte waren in ihm nur noch sehr spärlich vorhanden. Dann kamen schwere Zeiten für ihn; das Geschäft ging nicht gut, und er hatte Schwierigkeiten mit der Familie. Das Leben der Eheleute war nur auf materiellen Dingen aufgebaut, und eine solche Basis ist recht unsicher. Kurz gesagt, er erlitt einen Schlag nach dem anderen, und er verlor den Mut.

Da lernte er jemanden kennen, der Seelentiefe und Frieden ausstrahlte. Dieser Mann befand sich in einer ähnlich schlimmen Situation, aber er gab sich nicht geschlagen; im Gegenteil, er ging alle Widrigkeiten mit einer großen Ausdauer an und hielt den Schlägen stand. Mein Freund sah, daß dieser Mann offenbar mit einer nicht versiegenden Kraft gesegnet war. Er fragte ihn nach seinem Geheimnis und bekam als Antwort: »Der Kontakt mit Gott.«

»Aber ich habe doch immer an Gott geglaubt«, sagte mein Freund.

»Ja«, meinte der andere, »aber haben Sie sich jemals selbst ganz und gar in seine Hand gegeben?«

Mein Freund gestand sich ein, daß er das nie getan hatte, aber er holte es nach. Das Ergebnis war eine spirituelle Transformation, die auch seine physische und mentale Kraft veränderte.

Kürzlich erwähnte er mir gegenüber: »Mein ganzes Leben lang hatte ich mit Religion zu tun, aber sie kam mir immer ziemlich tot und langweilig vor. Es ist seltsam, wie anders ich jetzt dazu stehe.« Und dann fuhr er fort: »Aber eines ist sicher, wenn man sie spirituell in sein Leben einschließt, tut sie all das, was von ihr behauptet wird.«

Dr. Blanton hat erklärt, wie die in uns aufgeschichteten Einflüsse aus der Kindheit im Unterbewußtsein unser Moralempfinden formen. Die Religion versucht, unsere Grundinstinkte und Impulse durch Beeinflussung des Geistes mit spirituellen Idealen so zu lenken, daß unser Leben sich auf einer Basis aus Stärke und Tugend entwickelt. Sie lehrt uns, nur gute und schöne Gedanken in unser Unterbewußtsein gelangen zu lassen. Wenn Sie schlechte Gedanken und Motivationen unkontrolliert durchgehen lassen, werden Ihnen diese vom Unterbewußtsein zurückgeschickt. Denken Sie aber Positives und Ermutigendes, so erwidert Ihnen Ihr Unterbewußtsein dies auf ähnliche Weise.

William James hat einmal festgestellt, daß die Moleküle und Zellen unseres Körpers und Verstandes Tag für Tag Handlungen, Gefühle und Gedanken aufspeichern, um diese dann in Krisenzeiten automatisch, entweder zu unserem Nutzen oder zu unserem Schaden, wieder zum Vorschein kommen zu lassen.

Die Bibel drückt ihre Einsicht in die menschliche Natur folgendermaßen aus: »Wie er in seinem Herzen denket, so ist er.« Das Wort »Herz« wird zur Beschreibung des Innersten des Menschen, was Gedanken und Gefühle angeht, verwandt. Der moderne Psychologe nennt es »Unterbewußtsein«. Das heißt in anderen Worten: Der Mensch ist letztendlich das, was er hauptsächlich in seine Gedankenwelt eingespeichert hat.

Die Gedanken und Einfälle, die uns handeln lassen und unseren Charakter bestimmen, erhalten und kontrollieren wir nicht durch den bewußten Verstand. Der Verstand ist nur ein Empfänger von guten, schlechten oder harmlosen Gedanken, wo sie geprüft und weitergegeben werden. Einige werden auch abgelehnt. Wenn die abgelehnten Gedanken schlecht waren, dann hat ihr kurzfristiges Dasein nur wenig oder gar keinen Schaden angerichtet; waren sie gut, konnten sie ebenfalls keine größere Wirkung erzielen.

Es kommen Leute zu uns, die sich darüber beklagen, »schlechte Gedanken« zu haben, Gedanken des Hasses, unmoralische Gedanken, unehrliche oder sogar Mordgedanken. Diese Menschen haben deswegen Schuldgefühle.

Dr. Blanton und ich haben erklärt, daß man durch einen flüchtigen Gedanken allein keine Sünde begeht, es sei denn, man hieße diesen Gedanken willkommen. Wir könnten dies bildlich so sehen, daß der Gedanke in einem Vorzimmer wartet, in dem der Verstand wie ein Richter über ihn entscheidet. Egal wie düster oder schlecht der Gedanke sein mag, er kann die Persönlichkeit nicht beflecken, bevor ihn der Verstand nicht freudig einläßt. Wird er von ihm abgelehnt, stimuliert und kräftigt das sogar den Charakter. Sie können den Vögeln nicht verbieten, über Ihren Kopf hinweg zu fliegen, wohl aber verhindern, daß sie in Ihrem Haar ein Nest bauen.

Ein Gedanke, der auftaucht, vom Verstand abgewogen und abgelehnt wird, hinterläßt keinen Flecken des Makels oder der Schuld, sondern verstärkt die spirituelle Kraft.

Zweifellos hat auch Jesus bei der oben zitierten Passage nicht an einen flüchtigen Gedanken gedacht, sondern an ein vorsätzliches, aktives und genießerisches Begehren.

In meinem Beruf als Priester habe ich viele Menschen kennengelernt, die sehr unglücklich waren, weil sie diesen wichtigen Unterschied zwischen einem als schlecht zurückgewiesenen und einem als schlecht akzeptierten Gedanken nicht erkannt hatten.

Betrachtet man die Größe dieses Problems, das wirklich viele Menschen angeht, so wird klar, daß ein bewußter, heller Verstand, der moralische Entscheidungen trifft und über das Unterbewußtsein wacht, einen wichtigen Faktor für ein glückliches und erfolgreiches Leben ausmacht.

Was der bewußte Verstand erhält und akzeptiert, bestimmt letztendlich die automatische Reaktion des Unterbewußtseins und kann zusammenfassend als der eigentliche Charakter bezeichnet werden. Vor jeder Handlung geht uns ein Gedanke oder auch eine ganze Reihe von Gedanken durch den Kopf. Wenn der Gedanke aber vom Verstand nicht vorgelassen wird, wird die Handlung selbst nie ausgeführt. Wie es ausgeht, wird nicht in dem entscheidenden Moment durch vernünftiges und objektives Denken festgelegt. Was zählt, ist der Widerstand oder das Nachgeben des Unterbewußtseins, das vom Verstand trainiert wurde.

In einer Kleinstadt wurde eine Bank seit drei Generationen von einer hoch angesehenen Familie geführt. Als die große Depression kam, hatte der Sohn, damals Präsident der Bank, spekuliert und konnte nun seinen Verpflichtungen nicht nachkommen.

Eines Nachts, als er sich allein in der Bank befand, kam ihm der Gedanke, die Bücher zu fälschen; aber er schob ihn beiseite. Der Gedanke kam jedoch wieder und wieder. Er dachte, er könnte sich retten, bevor jemand etwas merken würde. Der Druck wurde immer größer. Auch in anderen Fällen hatte er schnell und locker gehandelt. Seine innere Moral war geschwächt.

Das Unterbewußtsein konnte ihm nur das geben, was es erhalten hatte. Und so fälschte er tatsächlich die Papiere, was ihm eine Gefängnisstrafe einbrachte und womit er die lange ehrenhafte Familientradition brach. »Wie er in seinem Herzen denket, so ist er.« Was in uns steckt, kommt früher oder später hervor. Die Maske rutscht uns eines Tages vom Gesicht. Die Wahrheit will heraus.

In unserem Unterbewußtsein steckt all die Kraft, die uns Erfolg oder Mißerfolg haben, Elend oder Glück erleben läßt. Diese Kräfte, je nachdem wie stark sie sind, kontrollieren den Verstand und bestimmen unsere Entscheidungen. Im Unterbewußtsein liegen Energien verborgen, die uns zerstören können, wenn wir sie nicht richtig verstehen und anwenden, die uns umgekehrt aber auch große Macht verleihen können. Der Religion folgend, können wir diese verborgenen Energien dem Einfluß von Christus, dem Meister des Lebens, zugänglich machen und so nach einem bisher unscheinbaren Leben erstaunliche Ergebnisse erzielen. Wir lernen, die Lebensweise Christi als unsere eigene zu akzeptieren. Das erfordert eine Einstellung, die wir spirituelle Erfahrung nennen. Das Wort dafür wäre »Bekehrung«. Es bedeutet, sich Gott in einem Glaubensakt zu übergeben, Gottes Willen zu folgen.

Diese spirituelle Erfahrung dringt tief in die Persönlichkeit ein, legt eine prüfende Hand auf das Unterbewußtsein und die inneren Lebenskräfte, hält die destruktiven Elemente in Schach und läßt die verborgenen Energien los, damit sie uns helfen, zu Wissen und Kraft zu gelangen.

III

Furcht, Sorge und Angst

Smiley Blanton:
Pfade der Heilung

Wenn man bedenkt, wie leicht es ist, Ängste aufzubauen, könnte man meinen, daß sie eine organische Basis hätten. Sie werden jedoch aus irgendeinem Reservoir im Gehirn geschöpft. Man glaubt, daß tatsächlich nur zwei Ängste bereits bei der Geburt vorhanden sind: die Angst vor dem Fall und die Angst vor lauten Geräuschen.

Sehr oft wird behauptet, daß Angst destruktiv sei; aber das ist nicht ganz und gar wahr. Wenn man sich vor etwas fürchtet, das einen tatsächlich bedroht, dann schützt einen diese Furcht. Glücklicherweise kann der Mensch lernen, sich unendlich viele Ängste anzueignen; sonst wäre er längst ausgestorben. Eine gesunde Furcht vor einer drohenden Gefahr erlaubt es uns, Vorsichtsmaßnahmen zu ergreifen. Nur wenn die Angst nicht die korrekte Richtung nimmt, ist sie destruktiv. Dann kann es uns gehen wie dem Großwildjäger, der beim kleinsten Geräusch sein Gewehr blindlings leer feuerte und dann unbewaffnet von der Gefahr angefallen wurde.

Aber unsere zivilisierte Welt und viele unserer Erziehungsmethoden haben krankhafte Angststadien in uns erweckt. Angst ist eine chronische Furcht. Die Muster der Furcht, die während unserer Kindheit in uns angelegt wurden, dominieren unser ganzes emotionales Leben.

Wir sollten uns tatsächlich vor diesen amoralischen, grausamen Impulsen fürchten, die in unserem Unterbewußtsein neben unseren Instinkten für Liebe und Großzügigkeit brüten. Aber diese Impulse und auch ihr Einfluß auf unser Benehmen müssen verstanden werden. Dann kann die Energie der unerwünschten Ängste, die oft eine vernichtende Wirkung haben, nutzvoll für Individuum *und* Gesellschaft umgeleitet werden. Werden die Ängste nicht in eine Richtung gelenkt, kann das emotionale Leben so durcheinanderkommen, daß der Mensch zu einem Wrack wird.

Aber Furcht ist Furcht, ob gelenkt oder nicht. Oft hört man: »Sie hat nichts zu fürchten. Sie bildet sich das nur ein.« Das ist eine falsche Aussage. Alle Ängste sind real, keine Angst ist eingebildet. Das Objekt der Furcht jedoch bildet man sich oft ein. Man sollte also immer nach dem wahren Grund für die Furcht suchen. In der objektiven Welt kann man diesen Grund nicht finden, aber vielleicht in den Tiefen des Unterbewußtseins, wo alle Erfahrungen aufgespeichert sind, ganz frisch und mit unverminderter Energie.

Vielleicht hilft uns ein Beispiel bei der Aufklärung darüber, wie falsch geleitete Furcht unser tägliches Leben zerstören kann.

Eine junge Frau, Fräulein X., suchte bei einem Geistlichen Rat, um ihre Besorgnis über das Verhalten ihres Bruders zu überwinden. Er war geschieden und wollte wieder heiraten. Ihre Kirche verbot eine erneute Heirat Geschiedener nicht. Trotzdem befürchtete sie, daß die Seele ihres Bruders verloren wäre, wenn es zu dieser Heirat käme. Der Geistliche lenkte von dem angesprochenen Problem ab und sagte: »Erzählen Sie mir über sich selbst.«

»Oh«, sagte sie, »mein Leben war sehr angenehm. Bessere Menschen als meinen Vater und meinen Bruder habe ich nie kennengelernt. Wohl hatte ich ein paar oberflächliche Männerbekanntschaften, aber die konnten sich nie mit meinem Vater oder meinem Bruder vergleichen! Meine Kindheit verlief sehr glücklich. Ich absolvierte das College und habe jetzt eine gute Stelle. Mein Chef hat mir viel Verantwortung übertragen, und ich bin sehr froh in meiner Arbeit.« Ihr Gesicht strahlte vor Freude.

»Mein liebes Fräulein X.«, sagte der Geistliche, »bitte seien

Sie mir nicht böse, wenn ich Ihnen eine sehr persönliche Frage stelle. Ich tue das nur, um Ihnen zu helfen.« – »Nein, nein«, sagte sie, »sagen Sie nur alles, was mir helfen kann.«

Dann meinte er: »Ich glaube, Sie sind in Ihren Arbeitgeber verliebt; und ich glaube auch, daß die Frage der Scheidung von seiner Frau zumindest angesprochen wurde. So ist es doch, oder?«

Verwirrt und unter Tränen gab sie zu, daß es sich tatsächlich so verhielt und sagte dann heftig: »Ich werde nie verantwortlich dafür sein, daß eine Familie kaputt geht. Ich kenne die Frau meines Chefs; sie ist sehr nett. Und sie haben zwei nette Kinder. Ich werde das nie tun.«

»Schön«, sagte der Priester, »solange Sie die Sache ehrlich angehen, bin ich sicher, daß man etwas daraus machen kann. Aber sehen Sie, daß Sie, anstatt um Ihren Bruder, in Wirklichkeit um sich selbst Angst haben?«

Aus ihrer Geschichte ging klar hervor, daß sie einen sehr starken Vaterbezug hatte. Dieser Wunsch des kleinen Mädchens, vom Vater immer geliebt zu werden, gehört zu einer Phase, die alle normalen Kinder durchlaufen. Bei Fräulein X. aber war diese Bindung so stark, daß sie sich nicht, wie sonst normalerweise, mit dem Älterwerden lockerte. Sie fühlte sich unbewußt so tief mit ihrem Vater verbunden, daß sie nicht fähig war, eine normale Beziehung zu Männern aufzubauen. In ihrem Unterbewußtsein existierte ein Muster, das sie dazu zwang, sich in eine Autoritätsperson und vorzugsweise – wie es der Fall bei ihrem Vater war – einen Vater von zwei Kindern zu verlieben. Dieses Muster ließ sie sich ihrem Arbeitgeber zuwenden. Außerdem interpretierte sie in diese äußerst unmoralische Person den Charakter und die moralische Einstellung ihres Vaters hinein.

Da sie unfähig war, den wirklichen Grund für ihre Angst bewußt ins Auge zu fassen, befand es ihr Unterbewußtsein für nötig, einen Grund zu erfinden und so ihre Angstgefühle auf ihren Bruder zu projizieren. Sie war gar nicht darüber besorgt, daß ihr Bruder wieder heiraten würde; sondern sie ängstigte sich darüber, daß sie selbst der Versuchung erliegen könnte, ihren Chef zu heiraten, der für sie den Vater darstellte.

Krankhafte Angst kann also aus dem Unterbewußtsein kommen und sich auf etwas anderes richten, was nicht der wirkliche Gegenstand der Angst ist. Daß sie sich ihrem Vater sehr verbunden fühlt, ist absolut natürlich und richtig. Nur wenn sie sich durch diese Verbindung in ihrem Erwachsenenleben dominieren läßt, dann wird Schaden angerichtet.

In dieser jungen Frau scheint die Angst durch den Konflikt zwischen ihren Wünschen und ihrem Gewissen aufgetreten zu sein.

Die »leise Stimme des Gewissens« ist dem Menschen nicht angeboren. Sie wird dem Kind bewußt und unbewußt durch die Erwachsenen seiner Umgebung antrainiert. Sie entwickelt sich sowohl durch das, was dem Kind gesagt wird, als auch durch das, was es durch das Benehmen der anderen sieht; sozusagen durch Gebot und Beispiel.

Den jungen Menschen so zu erziehen, daß er sich in die menschliche Gesellschaft einfügt, ist ein sehr schwieriger Prozeß. Man muß ihn lehren, sich für einige seiner Körperfunktionen zurückzuziehen. Oder beim Essen, zum Beispiel, was in unserer Gesellschaft großen sozialen Wert besitzt, müssen ihm Manieren beigebracht werden. Tabus gibt es in allen Gesellschaften, und jedes Kind muß sie erlernen, obwohl sie ihm alle zunächst unverständlich sind.

Unkluge oder übertriebene Erziehung vermag Kinder mit einem ungerechtfertigten Schuldgefühl zu belasten. Wenn Kinder älter werden, können sie oft extreme Gefühle korrigieren. Sie erkennen, daß das, was sie früher als beschämend empfunden hatten, in Wirklichkeit gar nicht so sein muß. Wenn aber diese verstandesmäßige Korrektur nicht stattfindet, *bleibt das Schuldgefühl bestehen;* und die Angst, die dadurch ausgelöst wird, heftet sich ganz unsinnig an ein eigentlich wünschenswertes Benehmen. Was das Kind im Elternhaus erfährt, geschieht zwar auf ungezwungene Art, ist aber dennoch Erziehung. Und da sie auf einen auch im Erwachsenenleben noch einen tiefen Einfluß ausübt, ist gerade diese Erziehung die allerwichtigste.

Eine der bedeutendsten Aufgaben bei der Erziehung eines Kindes ist es, ihm den Zeugungsvorgang zu erklären und ihm die richtige Einstellung dazu zu vermitteln. Kluge Eltern warten nicht nur den geeigneten Moment für eine »Aufklärung« ab, sondern beeinflussen ihr Kind durch ihre eigene Haltung positiv in diesem Sinne. Das Geheimnis der Zeugung und der Geburt sollte von dem Kind nicht in Zusammenhang mit Erröten und Verlegenheit der Eltern gebracht werden.

Es ist gesund, daß das Kind den Wunsch äußert, dieses Thema zu verstehen. Wenn es die Information weder von seinen Eltern noch von den Lehrern erhält, holt es sie sich anderswo oder, was noch schlimmer wäre, unterdrückt die Fragen danach. Es sollte selbst dem gleichgültigsten Beobachter klar sein, daß, wenn diese natürliche kindliche Neugier unterdrückt und gleichzeitig mit Schuld- und Angstgefühlen belegt wird, etwas falsch läuft. Man weiß, daß eine solche Unterdrückung das ganze mentale und emotionale Leben eines Menschen mehr oder weniger zerstören kann.

Die kindliche Neugier ist ein sehr wertvolles Werkzeug. Man muß sie zu lenken wissen, ohne sie zu unterdrücken.

Lassen Sie uns zu dem Erwachsenen zurückkehren. Die Furcht vor etwas Wirklichem zieht kaum ernsthafte Störungen nach sich: Armut, Krieg, Krankheit, der Verlust einer geliebten Person; all das läßt ihn kaum seine Anpassungsfähigkeit verlieren. Der erwachsene Mensch ist beständig. Er kann sich sogar an sehr gefährliche Tätigkeiten gewöhnen. Entweder er schraubt seine Angst herunter oder er assimiliert sie, bis zu dem Punkt, wo sie ihn nicht länger stört, oder aber er läßt die Angst los, weil er alles losläßt.

Unter gewissen Umständen, wie in einer Schlacht, zum Beispiel, halten einige Menschen die Belastung mit der dafür normalen Ermüdung aus. Andere dagegen, die dieselbe Situation bereits mit Angst vorbelastet angehen, finden sie unerträglich und erleiden – da sie körperlich nicht entkommen können – einen Nervenzusammenbruch. Deswegen muß der eine nicht mutiger als der andere sein. Es kommt darauf an, wie sehr sie mit

Angst belastet sind, wenn sie in den Kampf gehen; das bestimmt ihre Anpassungsfähigkeit an die Situation. Die meisten mentalen Beeinträchtigungen sind wie ein Fluchtweg vor einer alten Angst, vor einem Druck, der durch die unterbewußte Angst erzeugt wird.

Wir irren uns jedoch, wenn wir meinen, daß subjektive Ängste keine Basis hätten. Alle Beunruhigungen, Ängste oder Furchtgefühle haben ihr Fundament entweder im Bewußten oder im Unterbewußten. In gewissem Sinne können sie nie »abgeschüttelt« werden; sie müssen immer assimiliert und durchgeackert werden.

Die Grenze zwischen einer wirklichen und einer unterbewußten Angst ist oft sehr leicht in anderen Menschen zu erkennen, aber schwerer in uns selbst. Alle unsere Ängste scheinen vernünftig zu sein! Und das ist sehr schlau von unserem Verstand angelegt. Es scheint, als sei es die Hauptaufgabe des Unterbewußtseins, uns fehlzuleiten und uns mit falschen Gedanken zu versorgen. So schützt es uns vor der Erkenntnis, wie primitiv, grausam, dumm, amoralisch und wild auch oft wir in unseren tief gelagerten Schichten sein können. Es schützt uns vor der schmerzlichen Selbsterkenntnis, die notwendig ist, um diese Charakterzüge zu ändern. Uns herauszureden ist so viel einfacher. Aber nicht auf lange Zeit gesehen!

Ein fünfundsiebzigjähriger Mann war höchst besorgt über sein Vermögen. Er konnte an gar nichts anderes mehr denken. Sein ganzes Kapital war in erstklassigen Pfandbriefen angelegt. Raffiniert ausgeklügelt, hatte er alle seine Güter auf sich selbst angelegt. Sein Haus war ihm absolut sicher. Trotzdem verspürte er Unsicherheit und hatte Angst vor Inflation.

»Warum sind Sie so besorgt?« wurde er gefragt.

»Ich habe Angst davor, arm zu sein, wenn ich einmal alt bin.«

Daß er ja bereits in fortgeschrittenem Alter war, schien er gar nicht zu merken. Es wäre auch unmöglich gewesen, ihm begreiflich zu machen, daß seine eigentliche Angst dem Tod galt; wenn dies auch aus all seinen Reden zum Vorschein kam.

Dann gab es auch den Fall einer Frau in mittlerem Alter, die von ihrem achtzigjährigen Vater gezwungen wurde, ihn zu pflegen. Der alte Mann war rechthaberisch, anspruchsvoll und tyrannisch. Obwohl er keine Geldprobleme hatte, wollte er keine Krankenschwester bezahlen, weil sie ihn nervös machen würde, wie er sagte. Er wollte, daß seine Tochter ihn pflegte. Er sah nicht ein, daß er es damit ganz offensichtlich seiner Tochter unmöglich machte, ein eigenes Leben zu führen.

Aber sie kannte das bereits; er hatte sie immer dominiert. Er hatte nicht nur verhindert, daß sie normale Freundschaften pflegte, sondern er war auch der Grund dafür, daß sie die Verlobung mit dem jungen Mann gelöst hatte, den sie liebte.

Die Frau litt unter großer Angst um ihren Vater. Wenn sie außer Haus war, befiel sie plötzlich Panik, ihr Vater könnte gestorben sein. Letzten Endes wurde die Angst so groß, daß sie das Haus gar nicht mehr verlassen konnte. Man braucht keine großen psychologischen Kenntnisse, um den Grund für ihre Besorgnis festzustellen. Es waren ihre primitiven Instinkte, der Haß und das Widerstreben, die sie unbewußt gegen ihren Vater hegte und die ihr Bewußtsein unbarmherzig unterdrückte.

Natürlich kann man solche Menschen nicht überzeugen, ihre Angst zu verlieren. Diese Ängste sind real, und Worte, vor allem mißbilligende, können ihnen nicht aus ihrer Schwierigkeit heraushelfen. Oft wird ihr Verhalten nicht nur nicht kritisiert, sondern sogar als äußerst edel akzeptiert. Der Stolz darüber, daß sie so »selbstlos« handeln – schlaues Unterbewußtsein! –, schützt sie vor der Erkenntnis, daß ihr Handeln sinnlos ist.

Wenn wir aber diese unbewußten Wünsche und den instinktiven Drang, die in den Winkeln unseres Unterbewußtseins verborgen liegen, erkennen, dann können wir sie ändern. Wenn wir uns kennen und selbst zu verstehen lernen, können wir krankhafte Reaktionen verwerfen und durch andere ersetzen.

Jeder überängstliche Mensch muß als allererstes akzeptieren, daß seine Angst nur dann verschwinden wird, wenn er sie auf dem Niveau des Erwachsenen angeht, auf dem reellen Niveau. Aber um dazu fähig zu sein, müssen wir uns kennen; wir müssen die geheimen Impulse, die aus unserem Unterbewußtsein entspringen, verstehen lernen.

Norman Vincent Peale:
Mut zum Leben

Vor vielen Jahren schreckte der Junge in einer stürmischen Nacht plötzlich aus einem Alptraum hoch. Der Wind peitschte den Regen gegen das Fenster, ein gewaltiger Donner krachte und verhallte dann in der Nacht. Über das Fenster huschten groteske Schatten.

»Mutter!« schrie der Junge voller Angst. Er sprang aus dem Bett, schlüpfte barfüßig über den Teppich und war am Bett seiner Mutter.

»Mutter«, schluchzte er. Dann fühlte er eine weiche Hand auf seinem Kopf, und er wurde zärtlich umarmt.

»Wovor hast du denn Angst, mein Kleiner? Du brauchst keine Angst zu haben!« Sie brachte ihn gleich in sein Bett zurück, deckte ihn zu, gab ihm noch einen Gutenachtkuß, und bald war er wieder fest eingeschlafen.

Dieser Junge – inzwischen ein Mann – wachte noch oft nachts aus einem unruhigen Schlaf auf. Er hatte viele sorgenvolle Gedanken, die ihn wach ins Dunkel starren ließen. Durch seinen aufgewühlten Verstand huschten immer wieder Ängste. Aus der Nacht tauchten Schatten auf – vage, düstere Ungewißheiten. Er fühlte das gleiche Entsetzen wie damals, als er noch klein war. Er wollte um Hilfe rufen, aber jetzt konnte er sich nicht an seine Mutter wenden. Doch wußte er, daß jemand für ihn da war. Es fiel ihm ein Vers aus der Bibel ein: »Wie du von deiner Mutter getröstet wurdest, so will ich dich trösten.«

Und so sagte sich der Mann in der Dunkelheit: »Vater, was kann ich tun? Hilf mir.« Da hörte er aus der Nacht – oder aus der Tiefe seiner Seele – eine Stimme, die ihm Worte sagte, wie er sie früher von seiner Mutter gehört hatte: »Wovor hast du denn Angst, mein Sohn? Ich bin hier. Es gibt nichts, wovor du dich fürchten müßtest.« Er fühlte sich sehr getröstet.

Wer war der Junge – oder der Mann? Sie hätten es sein können oder ich. Irgendwo kann die Geschichte auf jeden von uns zutreffen. Aber es liegt ein großes Geheimnis dahinter. Warum konnte die Mutter dem Jungen Mut einflößen? Weil er sie liebte und ihr vertraute. Er glaubte ganz und gar an ihre liebevolle und beschützende Zuwendung. Auch dem Mann wurde Mut gegeben, weil er Gott liebte und auf ihn vertraute. Das kann der wirkliche Glauben für einen Menschen tun.

Für die Religion brauchen wir nur ein kindliches Vertrauen auf die Güte Gottes und Seinen wachenden Schutz. Wenn wir uns sagen, daß wir kein Übel fürchten und uns auf Seine Führung verlassen, können wir zu furchtlosen Lebenskünstlern werden.

Heute versagen viele Menschen oder kommen nicht vorwärts, weil ihre intellektuellen und emotionalen Fähigkeiten aus Angst oder Furcht nicht zum Ausdruck gebracht werden können. Da gibt es den Mann, der frühmorgens in sein Büro geht und sich an seinen mit Geschäftspapieren beladenen Schreibtisch setzt. Dieser Mann muß geistig fit sein, um die vor ihm liegenden Probleme erfolgreich lösen zu können. Er wird jedoch von Angst verfolgt. Er macht sich Sorgen über die Börsenkurse, die zu zahlenden Gehälter, darüber, daß er seine Arbeit verlieren könnte und grübelt. Auch um seine Familie und die anfallenden Zahlungen sorgt er sich. Er denkt daran, daß er vielleicht Probleme mit dem Herzen hat oder zu hohen Blutdruck. Oder er hat Angst, daß irgendeine seiner Sünden ihn einholt und sein Geschäft verdirbt. Seine Kräfte sollten sich auf einen Punkt richten, wie Sonnenstrahlen, wenn sie durch ein Glas gebündelt werden. Durch seine Ängste jedoch fließen sie auseinander, in verschiedene Richtungen, und so versagt die emotionale und mentale Energie, die er für seine Arbeit bräuchte. Tief im Unterbewußtsein verankerte Ängste sind heutzutage überraschend häufig der Grund für viele verpfuschte Karrieren.

»Was ist Mut?« fragte kürzlich ein kleiner Junge seine Mutter und fügte dann hinzu: »Ist das so, wie wenn unsere Katze, wenn sie Angst hat, einen Buckel macht und faucht?«

Seine Mutter überlegte, wie sie ihrem Sohn die wirkliche Bedeutung von Mut klarmachen könnte. Sie nahm ihren Sohn auf einen langen Spaziergang ins Grüne mit. Schließlich gelangten sie an eine Stelle, wo ein Waldbrand gewütet hatte. Auf der schwarzen Fläche entdeckten sie eine kleine rote Blume.

Die Mutter deutete auf diese kleine, optimistische rote Blume und sagte: »Das ist Mut, mein Sohn – eine zarte Blume, die auf diesem verbrannten Boden blüht.«

Ein gutes Beispiel, um Mut zu erklären. Früher oder später wird im Leben von jedem von uns ein Feuer mit allen Widrigkeiten wüten, und in der schwarzen Öde, die in uns zurückbleibt, wird es schwer sein, irgendeine Hoffnung zu entdecken. Aber gerade in dieser Stunde müssen wir uns in die Blume des Mutes auf dem verbrannten Boden hineinversetzen. Diese eine kleine Blume wird der Vorläufer für ein neues Leben sein.

Wie können Angst und Furcht geheilt werden? Wie viele haben diese Art von Mut? Weder ich noch die Experten halten dafür die beste Antwort bereit; wir finden sie in der Bibel. Und zwar: »Trage keine Sorge um dein Leben, was du essen sollest, was du trinken sollest, und nicht um deinen Körper, wie du ihn kleiden sollest... Sondern suche zuerst das Reich Gottes und Seine Rechtschaffenheit; und all jene Dinge kommen für dich dazu.«

Was bedeutet das? Es heißt, daß wir uns nicht um unsere Lebensbedürfnisse sorgen sollen, sondern nach innerem Frieden, nach mentaler, emotionaler und spiritueller Harmonie streben sollen. Nur so können wir eine ganzheitliche Persönlichkeit werden und uns dem Leben richtig stellen. Diese Ermahnung aus der Bibel beinhaltet, was oft auch in anderen Bibelzitaten angesprochen wird: Wenn wir glauben, daß sich Gott in Seiner Güte unserer Sorgen annimmt, kommt durch diesen Glauben mehr Kraft in unser Leben. Und mit dieser Kraft können wir Dinge zustande bringen, die wir sonst nicht hätten angehen können.

Ein praktischer Weg, diesen weisen Ratschlag in die Praxis umzusetzen, ist es, sich die Gewohnheit zu eigen zu machen, nicht über seine Ängste oder Sorgen zu sprechen. Normalerweise erzählen ängstliche Menschen jedem, wie besorgt und ängstlich sie immer sind. Ich möchte daran erinnern, daß das Sprechen einen größeren Einfluß auf das Gemüt ausübt als das Denken. Lassen Sie Ihre Ängstlichkeit aus den Gesprächen fort, und sie wird auch Ihr Gemüt verlassen! Auf der anderen Seite ist es jedoch ratsam, jemanden aufzusuchen, der den Einblick und die Erfahrung hat, um Ihnen helfen zu können, sich von Ihren Sorgen zu befreien.

Gehen Sie zu Ihrem Geistlichen, Ihrem Priester, Ihrem Rabbi oder Ihrem Psychiater und laden Sie Ihre Last ab. Erzählen Sie von allem, was Sie auf dem Herzen haben, auch von Ihren Sünden, den wirklichen und denen, von denen Sie nur denken, daß es Sünden sind; von dem Schuldgefühl, das Sie verfolgt, und von jedem unterdrückten Wunsch. Dieses Bekenntnis, diese Entlastung Ihrer selbst, wird auch die letzte dunkle Ecke Ihres Verstandes mit Licht erfüllen, die Schatten vertreiben, freudige Erleichterung verschaffen und den Weg zu einer endgültigen Heilung der Angstkrankheit öffnen.

Wie kann die Tatsache, daß wir uns gläubig und vertrauensvoll an Gott wenden, uns von unseren Ängsten befreien? Zum einen denken wir, wenn wir an Gott denken, nicht an uns selbst. Ängste sind eine Begleiterscheinung von exzessiver Selbstbetrachtung. Eine egozentrische Einstellung brütet sie aus, wie eine Henne ihre Eier. Unser Verstand sitzt auf dem Nest unserer wirklichen und eingebildeten Ängste, und bald schon haben wir neue kleine Ängste ausgebrütet, die schnell wachsen. Wir brauchen mehr physische Aktivitäten und weniger Nabelschau, wenn wir die Furcht aus unserem Leben verbannen wollen.

Die Ärzte sagen, daß das abstrakte Denken, wo auch die Angst generiert wird, in höheren Hirnzentren liegt, wogegen körperliche Tätigkeit, wie Gehen, von tieferen Hirnzentren ausgeht. Es wurde eine chirurgische Operation entwickelt, bei der Teile des vorderen Gehirnlappens, des höher gelegenen Hirnzentrums, entnommen wurden, um sprichwörtlich damit Sorge und Angst wegzuschneiden. Man berichtet, daß in sorgfältig ausgesuchten Fällen damit tatsächlich die Angst verschwunden ist. Ich weiß nichts über den wissenschaftlichen und praktischen Wert von solchen Operationen, aber es wäre doch phantastisch, wenn wir zu einem Arzt gehen könnten, der uns diejenigen Sektoren unseres Verstandes herausschneidet, die destruktive Sorgen und Angst verursachen, so als würde er uns die Mandeln entfernen. Nichtsdestoweniger würden viele Menschen nicht so sehr unter ihrer Angst leiden, würden sie ihre Füße mehr zum Laufen und ihren Kopf weniger zur Selbstbetrachtung einsetzen – würden sie sich körperlich mehr engagieren.

Die einzige *sichere* Methode zur Angstüberwindung ist die, sein Leben in Gottes Hand zu legen. Damit meine ich, daß man die Furcht nicht durch besondere Kraftanstrengung oder Willenskraft einfach ausstöpseln kann. Das mag höchstens dazu führen, daß sie sich noch stärker im Bewußtsein festsetzt. Ich meine, daß man alle seine Ängste und Sorgen Ihm vorlegt und seine Zukunft vertrauensvoll in Seine Hände legt. So brauchen wir uns nicht mehr um das Morgen zu ängstigen; denn Gott kennt alle unsere Bedürfnisse und wird für uns sorgen.

Vor Studenten einer Universität in New England hielt ich einen Vortrag und ging anschließend mit einem alten, weisen Professor zu mir nach Hause. Als wir dann an diesem stürmischen Tag am Feuer saßen, zeigte er mir ein kleines Buch von J. M. Barrie und sagte: »Das werden Sie noch oft brauchen. Machen Sie es sich zum Freund.«

Er hatte recht. Es war Barries berühmte Abhandlung über »Mut«, und ich habe es immer bei mir gehabt. Seine tiefe Philosophie, in unnachahmbarem Stil verfaßt, hat mich immer aufgebaut, wenn ich den Mut verlieren wollte. Barrie schreibt darin unter anderem: »Wie du um dein tägliches Brot betest, so bete auch um Mut; denn der Mut wird dich leichten Herzens und heiter leben lassen. Und du *mußt* leichtherzig und heiter *bleiben*.«

Es ist ergreifend, wenn man sieht, wie der Mensch immer wieder verzweifelt allen Mut zusammennimmt, um gegen die Widrigkeiten des Lebens zu kämpfen. Es ist aber auch inspirierend; je tapferer jemand gegen Entmutigung, die Härte des Lebens, Schmerz und Angst ankämpft, um so wunderbarer kommt er uns vor. Das Wichtigste, was man in diesem Leben braucht, ist, Mut zu entwickeln.

Als ich neulich in einem alten Bücherladen kramte, fand ich ein vor langer Zeit geschriebenes Buch. Es erzählt von einem Mann, der ein Stück Land in einem Goldgebiet des Westens erworben hatte, ein verlassener Fleck in den Bergen. Als der Mann nach Gold zu graben begann, entdeckte er, daß schon lange vor ihm hier gearbeitet worden war. Ziemlich tief in der Erde fand er einen verrosteten Pickel mit verrottetem Stiel, dessen Spitze fest im felsigen Boden steckte. Er arbeitete weiter und stieß zu seinem Erstaunen nur ein paar Meter tiefer auf eine reichhaltige Goldader. Er merkte, daß an den alten Pickel eine Tragödie geknüpft sein mußte. Später hörte er dann die Geschichte.

Jahre vor ihm hatte ein Goldschürfer von der Möglichkeit gehört, mit diesem Stück Land reich zu werden. Er hatte seinen Grund abgesteckt und war an die Arbeit gegangen. Tag für Tag arbeitete er mit seinem Pickel, bis ihn der Rücken unerträglich schmerzte; aber er sah nie eine Spur von Gold. Nach und nach kroch Mutlosigkeit in ihm hoch und nagte an seiner Entschlossenheit. Sein Vertrauen in den großen Fund ließ immer mehr nach, bis er eines Tages verzweifelt die Sinnlosigkeit seines Tuns zu erkennen vermeinte, den Pickel tief in den Felsen stieß, seine Sachen zusammensammelte und fortging. Jahrelang rostete der Pickel und verrottete der Stiel.

Die Tragödie dieses Mutverlustes, kurz vor dem Erfolg, wurde erst viele Jahre später offenbar, als der Goldgräber aus unserer Geschichte kam und nur etwas tiefer auf die Goldmine stieß, die dem ersten Mann gehört hatte.

Worin liegt das Geheimnis eines solchen Mutes? Wenn der Mut sinkt, müssen wir Geist und Bewußtsein mit einfachem, vertrauensvollen Glauben an Gott füllen. Ich betone das so sehr, weil es wirklich die Lösung für das Problem der Mutlosigkeit ist.

Durch Vertrauen sind wir fähig, Probleme entspannt anzugehen. Eine entspannte Persönlichkeit bezeugt tatsächlich Glauben und Vertrauen. Wenn Sie sich zu Bett legen, vertrauen Sie auf Ihr Bett. Sie glauben daran, daß es Sie tragen wird, und legen sich nicht angespannt hin, während Sie darauf warten, daß es in jedem Moment unter Ihnen zusammenbrechen könnte. Täten Sie das, würden Sie wohl kaum schlafen können. Da Sie aber wissen, daß Sie ihm vertrauen können, übergeben Sie ihm Ihren absolut entspannten Körper und schlafen sofort ein.

Derjenige, der wirklich an Gott glaubt, an Seine göttliche Zuverlässigkeit und Güte, ist geistig und seelisch nicht angespannt oder hat Angst, daß ihm jeden Augenblick etwas passieren könnte. Er vertraut im Gegenteil ruhig darauf, daß alles gut für diejenigen ausgehen wird, die an Gott glauben. Folglich ist sein Geist in Frieden und die Mitte seines Lebens ruhig. Er fühlt keine Panik oder Mutlosigkeit, da er weiß, daß Gott über ihn wacht.

Dieser entspannte und friedvolle Zustand seines Geistes gibt ihm einen klaren Verstand und ermöglicht, daß er seine Fähigkeiten frei zum Ausdruck kommen läßt. So kann er seine Probleme mit voller Kraft anpacken.

Ein entspannter Mensch ist ein kraftvoller Mensch. Eine angespannte Persönlichkeit ist bereits besiegt, bevor der Kampf überhaupt anfängt. Viele brechen unter der Lebenslast zusammen, weil sie so angespannt sind. Sie können Tatsachen nicht nehmen und geben, wie sie kommen. Ihre Seele besitzt nicht jenes Element, das ihnen Auftrieb und Flexibilität verschafft, um sich durch das Leben zu kämpfen.

Ich befand mich einmal auf einem Überseedampfer auf ziemlich stürmischer See. Mit dem Kapitän stand ich auf der Brücke, wo man das Rollen des Schiffes noch stärker spürte. Das Schiff neigte sich immer wieder so weit zur Seite, daß ich dachte, es könnte sich unmöglich wieder aufrichten. Ich preßte die Füße fest gegen das schräge Deck, um dem Schiff instinktiv zu helfen, sich in seine normale Lage zurück zu bewegen, was den Kapitän sehr amüsierte. Aber jedesmal kam es in seine ursprüngliche Position zurück, leicht wie ein Vogel, und glitt weiter, als sei es lebendig.

Ich bat den Kapitän, mir zu erklären, warum das Schiff so flexibel sei, und warum es nicht umkippen und sinken könne. Er sagte: »Sie kennen sicher diese Spielsachen, deren abgerundetes Unterteil ein Gewicht in sich birgt. Sie können sie selbst mit einem starken Stoß nicht umwerfen, weil sie sich wegen ihrer Form und ihres Gewichts sofort immer wieder aufrichten. Ein

Überseedampfer ist nach demselben Prinzip gebaut; unten ist er rund, und er trägt in seinem Bauch viele tausend Liter Wasser und Öl. Dieses einfache Prinzip hält das Schiff aufrecht.«

Wenn wir unsere Seelen mit der Gnade Gottes anfüllen, so haben wir in unserem Lebensschiff das Element, was uns, selbst wenn viel Wind aufkommt, nicht nur flott hält, sondern uns auch die Grazie und spirituelle Flexibilität verleiht, um siegreich durch die Stürme von Furcht und Angst zu segeln.

IV
Gewissen und Schuldgefühl

Smiley Blanton:
Stufen der Persönlichkeitsentwicklung

Ängstlichkeit in ihrer einfachsten Form ist sowohl bei Menschen wie bei Tieren ganz normal. Sie ist ein Mechanismus für die Regelung und Kontrolle von Beziehungen innerhalb einer Gruppe.

Das Kind neigt von sich aus dazu, sein eigenes Verhalten zu kritisieren, eine Tendenz, die nach und nach durch die kritische Einstellung der Eltern ihm und seinen Gewohnheiten gegenüber, verstärkt wird. Es weiß bereits sehr früh, daß es bestimmte Dinge tun sollte, die »richtig« sind, und andere nicht, weil sie »falsch« sind. Diese selbstkritische Tendenz verstärkt sich, während es der Kindheit entwächst, noch durch Schuldbewußtsein oder den Selbstvorwurf darüber, daß es die kindliche Beziehung zu den Eltern auch nach dem Erwachsenwerden aufrecht erhalten möchte. Ein australischer Wilder und der zivilisierte Mensch der westlichen Welt haben das gemeinsam. Während des Bruches, der auf alle Eltern-Kind-Beziehungen zukommt, führt unbewußte Schuld zu Groll, Widerstreben und manchmal Haß. Drei- oder vierjährige Kinder sagen, wenn sie ihre Beziehung zu den Eltern durch Disziplin in Gefahr sehen: »Ich hasse dich!« »Geh weg!« »Ich will, daß du tot bist!« So äußert sich eine innerliche Angst. Wenn diese Impulse von den Eltern nicht vorsichtig gehandhabt werden, können sie ins Unterbewußtsein verdrängt werden, um später das ganze Erwachsenenleben zu zerstören. Was sich oft weniger stark in »normalen« Menschen als akute emotionale Krankheit manifestiert, soll in einigen Beispielen umrissen werden.

Elsie A. fühlte sich als Kind von ihrer Mutter vernachlässigt. Die überarbeitete Mutter war oft müde und reizbar. Sie liebte ihre kleine Tochter, aber sie fand nichts, was die schwierige Situation lösen konnte. Auf der anderen Seite kümmerte sich Elsies Vater sehr um sie. Er ließ sie auf seinen Schultern reiten, ging mit ihr im Wald spazieren und nahm sie mit zum Jagen oder zum Angeln. Durch die verschiedenen Verhaltensarten ihrer Eltern klammerte sich Elsie viel zu sehr an ihren Vater. Sie hatte wenige gleichaltrige Spielgefährten, und es war nicht leicht für sie, an der Schule Freundschaften zu schließen. Als Ausgleich dafür arbeitete sie viel für die Schule, wo sie eine gute Schülerin war. Sie begann eine Ausbildung, und nach einigen Jahren hatte sie eine gute Position. Sie war fünfundzwanzig, als sie mit dieser Arbeit anfing, und behielt sie fünfundzwanzig Jahre lang. Auf ihren Arbeitgeber übertrug sie ihre liebende Zuwendung, die sie ihrem Vater gegenüber gezeigt hatte; es blieb jedoch immer bei einer sehr förmlichen Beziehung zwischen den beiden. In ihrer Stellung arbeitete sie so gut, daß sie praktisch unersetzbar wurde. Sie machte Überstunden, wenn es notwendig war; und manchmal schien es ihr, als sei es ihr eigenes Geschäft, so viel setzte sie dafür an Zeit und Energie ein.

Ihr ganzes Leben konzentrierte sich auf die Beziehung zu ihrem Arbeitgeber, womit sie eigentlich ihre Eltern-Kind-Beziehung weiterführte. Er sagte oft zu ihr: »Wenn ich mein Testament mache, werde ich Sie einbeziehen. Mein Geschäft verdankt zum Teil auch Ihrer Freundlichkeit und Hilfsbereitschaft seinen Erfolg. Ohne Sie wäre ich oft nicht weitergekommen.«

Doch dann starb er plötzlich, ohne ein Testament hinterlassen zu haben. Das Geschäft kam in andere Hände, ein neuer Direktor brachte sein eigenes Team mit, Elsie bekam einen niedrigeren Posten zugewiesen und kündigte schließlich. Sie hatte genug gespart, um davon leben zu können.

Nach dem Tode ihres Arbeitgebers überfielen sie Schuldgefühle, weil sie das Schicksal anklagte, daß es so roh mit ihr umging. Wie unter einem Zwang kritisierte sie Gott, war sich aber gleichzeitig bewußt, daß sie lästerte. Dieser Zwiespalt wurde immer größer in ihr; sie empfand das, was sie tat, als unverzeihlich und fühlte sich hoffnungslos. Aus einem heiteren, fröhlichen Mädchen war eine verdrießliche, einsame Frau geworden.

Ihr ganzes Leben hatte sie auf einer kindlich emotionalen Basis aufgebaut. Als sie noch jung und voller Energie war, konnte sie sich relativ einfach an schwierige Lebenslagen anpassen, aber mit den Jahren ließ diese Energie allmählich nach. Nach dem Tod ihres Chefs und durch den neuen Direktor war es ihr unmöglich, mit dem wenigen an Emotionalität und Spiritualität weiterzumachen. Sie hatte wirklich keine Freunde, keine Interessen neben ihrem alten Chef und ihrer Arbeit, und sie hatte nichts aus ihren früheren Talenten und Fähigkeiten gemacht. Ihr religiöses Leben war sehr oberflächlich.

Kein Wunder also, daß sie schließlich eine Art Haß auf diese innere Verbindung – ihre unbewußte Kind-Eltern-Liebe – fühlte, die sie nicht normal leben ließ. Es war, als schrie eine Dreijährige »Ich hasse dich! Ich hasse dich!«, nur eben in erwachsener Form. Während sich jedoch diese Ablehnung bei einem Kind gegen eine Person aus Fleisch und Blut richtet, so projizierte sie sie auf ihren »Traumvater«, den sie selbst in ihrem Unterbewußtsein geschaffen hatte. Diesen »Traumvater« verkörperte zunächst ihr Arbeitgeber, ein »Vater«, der sie noch dazu zurückgewiesen hatte. Und da das Unterbewußtsein Gott wie einen Vater sieht, richtete sich ihr Haß auch gegen dieses letzte Ziel.

Ähnlich wie Elsie A. sich ihren »Traumvater« als emotionalen Ausgleich geschaffen hatte, war das Verhalten von Charles C., der in seiner Kindheit so sehr an seiner Mutter hing, daß er als Erwachsener in jeder Frau, mit der er es zu tun hatte, eine »Traummutter« sah. Er war zweimal verheiratet und hatte jedesmal von seiner Frau eine allesumfassende Mutterliebe verlangt, die sie einfach nicht geben konnte.

Wenn C. seiner Frau auch kritisch und widerspenstig gegenüberstand, sobald sie ihm, dem Kind, nicht entgegenkam, so hatte er gleichzeitig innerlich ein tiefes Schuldgefühl entwickelt, gerade weil er von ihr diese Mutter-Kind-Beziehung verlangte.

Er erkannte schwach, daß er versuchte, in seiner Frau seine Mutter sehen zu wollen. In diesen Fällen verspürt die Person mit einem solch unbewußten kindlichen Impuls den Wunsch, sich selbst zu bestrafen. Sie hat gelernt, daß es falsch ist, über die Kindheit hinaus auf diesem kindlichen Niveau zu verharren; daher verlangt das Gewissen nach Bestrafung.

Selbstkritik ist im Menschen veranlagt und entwickelt sich durch die Zuwendung der Eltern weiter. Schon sehr früh kann das Kind zwischen Vernunft und Unvernunft unterscheiden, aber die Erkenntnis, was richtig oder falsch ist, erfährt es erst durch die Erziehung. Das Gewissen des Kindes formt sich nicht so sehr durch das äußere Verhalten seiner Eltern, sondern durch das, was es in deren innerer Einstellung zu erkennen glaubt.

Ich möchte auch von der Frau erzählen, die in einer Familie aufwuchs, welche zu einer kleinen religiösen Sekte gehörte, in der man keine farbige Kleidung oder Schmuck trug. Sogar das Tragen eines Eherings war verboten. Nachdem die Frau ihr Elternhaus verlassen hatte, gab sie auch diesen Glauben auf und trug lustige Farben und Schmuck, aber sie gestand, daß sie sich nie ein buntes Kleid oder ein Halsband – sogar nach vielen Jahren nicht – ohne Gewissensbisse anlegte.

Ein anderes Beispiel dieses »mitgenommenen« Gewissens finden wir in dem Mann, der in einem strengen schottisch-presbyterianischen Haushalt erzogen wurde, wo die Heilighaltung des Sonntags unter anderem das Kochen verbot. Jahre später gestand er, daß, wo auch immer er sonntags zu einem guten Essen mit Freunden eingeladen war, er immer irgendwie das Gefühl hatte, etwas falsch zu machen.

Diese Beispiele zeigen, daß ein Zweig in die Richtung weiterwächst, in die er anfänglich gebogen wurde. Die frühe Beziehung der Kinder zu ihren Eltern formt das kindliche Gewissen so, daß es auch im Erwachsenenleben nach dem gleichen Muster reagiert. In der Liebe findet das Kind Sicherheit und die Stütze für seine Existenz. Es braucht unwahrscheinlich viel Liebe. Schon sehr früh kann es die Reaktion seiner Eltern, offene oder unausgesprochene, als positiv oder negativ, bestätigend oder ablehnend seinem eigenen Benehmen gegenüber interpretieren. So wird sein Gewissen geboren, durch die Aneignung der Verhaltensweisen seiner Eltern. Wenn das Kind ängstlich ist, mag das die früheste Ausdrucksform des Gewissens sein.

Freud sagt: »Das Gewissen fundiert im Grunde zunächst auf der Verkörperung der väterlichen Kritik, und später auf der der Gesellschaft.«

Das Kind entwickelt auf seinem Weg in die Gesellschaft oft ein tiefes Gefühl dafür, was falsch ist. Die meisten von uns werden zustimmen, daß es recht unnötig ist, einem Kind dieses Gefühl zu vermitteln, damit es gesellschaftsfähig wird. Viele Kinder haben dieses Gefühl sogar bei Dingen, die gar nichts mit Sünde zu tun haben.

Mit der Zeit verwandeln sich Bemerkungen, Rügen, Verbote, kurz das Verhalten der Eltern, für das Kind in unverrückbare, fundamentale Gesetze von Richtig und Falsch; wenn ihr Gewissen dann nicht vernünftig geleitet wird, kann das zu einem ernsten Konflikt führen. Das kindliche Gewissen, das Strafe für Dinge verlangt, die nicht wirklich falsch sind, kann so viel Energie verbrauchen und so viel Spannung schaffen, daß dadurch eine asoziale Reaktion hervorgerufen wird. Übermäßiges Trinken, zum Beispiel, kann die Folge einer solch unerträglichen Spannung sein, die durch den Konflikt zustande kommt, zwischen normalen Impulsen und einem falsch anerzogenen kindlichen Gewissen zu stehen, das diese Impulse nicht zum Ausdruck kommen läßt.

Es gibt vier Phasen in der Gewissensbildung:
● Primitiver Liebesinstinkt
● Tiefes Bedürfnis nach Liebe der Eltern und nach Gehorsam ihnen gegenüber
● Synthese aus dem kindlichen Impuls für Selbstkritik und der Kritik der Eltern
● Veränderung all dieser Gefühle durch den Kontakt mit dem Leben.

Dr. Thomas R. war in einer sehr religiösen Familie aufgewachsen und hatte einen guten, fast »heiligen« Vater. Während seines

Medizinstudiums sah er den religiösen Glauben seines Vaters mit immer kritischeren Augen und lehnte ihn schließlich ab. Aber sein ihm früh anerzogener Glaube war nicht so einfach abzuschütteln. Auf der Höhe seiner Karriere – er unterrichtete inzwischen auch – überfiel ihm seinem Chefarzt gegenüber das Gefühl, nicht pflichtbewußt genug zu sein. Er ging sogar nachts noch in die Klinik, um dort nach dem Rechten zu sehen. Aber seine Beunruhigung wuchs nur noch in dem Maße, daß sie ihn bei seiner Arbeit behinderte und ihm gesundheitlich zu schaffen machte.

Bei einer Analyse seiner Besorgnis kam heraus, daß der Grund dafür nicht das Pflichtbewußtsein seinem Chef gegenüber war, sondern daß er das Gefühl hatte, den Idealen seines Vaters nicht zu genügen.

Als wir Kinder waren, wurde uns so viel gesagt – vor allem, wenn es um »Richtiges« oder »Falsches« ging – was wir als erwachsene, denkende Menschen nicht mehr akzeptieren oder wenigstens abändern, da wir durch die Lebenserfahrung gelernt haben, daß es für uns nicht mehr gilt. So wachsen wir und erweitern unseren Horizont. Aber natürlich läßt sich die Stimme des Gewissens nicht mundtot machen. Wenn jemand das rücksichtslos zu tun versucht, kann dies zu asozialen Handlungen führen, weil er immer seinen eigenen inneren Anweisungen entkommen möchte.

Der Verstand erfährt seine normale Entwicklung in einer Abänderung des Bildes, das man von seinen dominanten Eltern in der Kindheit hat, zu einer Gottesvorstellung als allgegenwärtigen, allmächtigen und universalen Vater, der über uns wacht, uns vor Bösem beschützt und Vergehen bestraft. Religion und Psychiatrie stimmen darin überein.

Die Regel aller religiösen Lehren besteht darin, daß, wenn jemand ein besseres Leben führen möchte, immer ein Weg da ist, es zu tun. Erst muß man von seiner Sünde oder schlechten Handlung überzeugt sein. Als zweites muß man sie bereuen oder den Wunsch verspüren, besser zu werden. Drittens hat man demjenigen Abbitte zu leisten, den man beleidigt oder schlecht behandelt hat. An vierter Stelle muß man Buße tun, sich selbst irgendwie bestrafen. Und schließlich fühlt der normale Mensch, daß ihm vergeben ist. Dann kann er sein Leben wieder aufnehmen. Es ist offensichtlich, daß niemand mit der immerwährenden Bürde eines nagenden Gewissens durchs Leben gehen kann.

Andere dagegen, deren unbewußte Instinkte oder Wünsche ihr kindliches Gewissen belasten, fühlen vielleicht nie, daß ihnen wirklich vergeben ist. Es gibt da einige Umstände, die eine friedliche Auflösung des Schmerzes, der einem durch das Schuldgefühl zugefügt wird, schwierig und oft unmöglich machen. Der Verstand und das Gewissen des Erwachsenen mögen wohl der vernünftigen Annahme zustimmen, daß Reue und guter Vorsatz das Richtige sind, aber das kindliche Gewissen lehnt dies vielleicht ab.

»Was du zu tun gewünscht hast, das hat du bereits getan«, sagt das Unterbewußtsein. Und so können manche Menschen, die ein Verbrechen nur gewünscht haben – es so also nur in ihrer Phantasie existiert – nicht dafür büßen. Sie fühlen sich gezwungen, immer wieder den ganzen Vorgang zu durchleben; Erkenntnis der Sünde, Reue, gute Vorsätze, Abbitte leisten (tatsächlich oder im Geiste) und Buße (oft Selbstbestrafung). Aber anstatt dann Frieden zu verspüren und sich sorgenfrei zu fühlen, fängt für sie alles wieder von vorne an. Einige gehen in ihrem Bedürfnis nach Selbstbestrafung sogar so weit, daß sie tatsächlich etwas falsch machen *um eine wirkliche Entschuldigung für ihr Schuldgefühl zu haben,* für das sie nicht den echten Grund finden können.

Dr. William Healy, der viel für milieugeschädigte Kinder am Jugendgericht von Boston und Chicago getan hat, hat festgestellt, daß Kinder, deren Sexualität unterdrückt wurde, sich oft in etwas Greifbarerem vergehen, wie zum Beispiel Diebstahl, damit sie so für ihre geheime »Sünde« bestraft werden können. Die Bestrafung des Diebstahls können sie verstehen und ertragen; aber die Forderung nach Strafe für ihr inneres Schuldbewußtsein ist zuviel für sie.

Krankhafte Gemütszustände machen es oft unmöglich, zu einem Gefühl der Vergebung für unbewußte Impulse zu gelangen.

Tugendhafte und liebe Menschen sind manchmal ganz von diesem Gefühl der Schuld besessen, die sie nicht abschütteln oder bereuen können. Sie sollten etwas über das Arbeiten des Unterbewußtseins erfahren, das dieses krankhafte Schuldgefühl entwickelt, was sie so unglücklich macht. Ohne dieses Verständnis nützt auch die Religion nichts.

Norman Vincent Peale:
Liebe dich selbst wie deinen Nächsten

»Ein Mann kann viel aushalten, solange er sich selbst aushalten kann«, behauptete der Schriftsteller Axel Munthe. »Er kann ohne Hoffnung leben, ohne Bücher, ohne Freunde und ohne Musik, solange er seinen eigenen Gedanken zuzuhören vermag.« Es liegt also auf der Hand, daß der Mensch klug daran tut und es für ihn notwendig ist, unbedingt sein eigenes Selbst so zu entwickeln, daß er glücklich und friedlich mit ihm leben kann. Er muß auf sein Gewissen hören und sein Schuldgefühl ablegen.

Eines ist sicher: Ob Sie wollen oder nicht, Sie müssen mit sich selbst leben. Tatsächlich kann ein Mensch vor anderen Menschen, vor Familienszenen und Verpflichtungen fliehen. Er mag sogar zum Einsiedler in einem versteckten Winkel der Welt werden, sozialen Gepflogenheiten und seiner Erziehung den Rücken kehren, aber sich selbst kann er nicht entkommen.

Die Tatsache, mit sich selbst so zu leben, wie man ist, bedeutet für die einen Erfüllung, für andere buchstäblich die Hölle; die einen genießen es, andere langweilt es. Diejenigen, die sich lebendig fühlen und Freude am Leben verspüren, für die jeder Morgen ein neuer Beginn und jeder Abend tiefe Befriedigung bedeutet, finden immer wieder in sich selbst eine neue Quelle des Glücks.

Für andere Menschen ist das nicht so. Sie haben eine gespaltene und konfliktreiche Persönlichkeit und einen zerstörerischen Geist. Die meiste Zeit liegen sie mit sich selbst im Streit, wie eine Romanfigur, über die der Autor sagte: »Er war keine

Persönlichkeit, er war ein Bürgerkrieg.« Ihr inneres Selbst möchte Gutes tun, gibt aber allzu schnell dem Bösen nach. So lebt dieses Selbst ständig mit Gewissensbissen und Schuldgefühlen wegen vergangener Missetaten. Ihr Selbst ist sich seiner selbst ständig bewußt, weil es ja nur an sich selbst denkt. Damit zu leben ist schrecklich, aber man kann sich eben nicht entziehen. Deshalb ist es so wichtig, daß wir ein Selbst entwickeln, das uns ein guter Gefährte werden kann und mit dem wir freudig leben können.

Als meine kleine Tochter Margaret ungefähr fünf Jahre alt war, wachte ich eines Morgens, früh um sechs Uhr, auf. Im Nebenzimmer führte sie Selbstgespräche und kicherte ständig vor sich hin.

Ich ging zu ihr hinüber und sagte: »Margaret, das ist aber eine seltsame Zeit, um so laut mit dir selbst zu sprechen. Du störst alle, die in diesem Haus noch schlafen wollen.«

»Aber Daddy«, sagte sie in dem Ton, in dem Kinder immer ihre Eltern zurechtweisen, »du verstehst das nicht. Ich habe so einen Spaß mit mir selbst.«

Oft habe ich über diese Feststellung von ihr nachgedacht. Sie ist geeignet, um einen wichtigen Faktor für erfolgreiches Leben zu beschreiben. Wir sollten uns daran erinnern, daß wir nicht mit einem vollständigen Selbst geboren wurden; wir müssen ständig daran arbeiten. Von der Natur haben wir nur den Kern, die Potentiale, dafür mitbekommen. Die Seele kommt erst im Lauf ihrer Entwicklung zum Vorschein. Ständig bauen wir an dem Selbst, mit dem wir geboren wurden, oder wir zerstören etwas daran. Mit den Jahren trägt jeder Gedanke, jedes Gefühl, jede Erfahrung zur Qualität unseres Selbst etwas bei. Egal, wie alt oder gesetzt wir sind, unser Selbst entwickelt sich immer noch. Wir sind ein Teil all dessen, was uns begegnet ist. Und ebenso ist all das, was uns begegnet, ein Teil von uns.

Wie können wir nur ein Selbst entwickeln, mit dem wir glücklich leben? Ein Selbst, das nicht von einem angeknacksten Gewissen oder Schuldgefühlen dominiert wird? Wir könnten über diesen Punkt lange theoretisieren, wirkungsvoller ist es aber, eine Analyse aus dem Labor des Lebens herzunehmen, beispielsweise einen Mann, der große Schwierigkeiten hatte, mit sich selbst zu leben. Er löste jedoch dieses Problem so gut, daß er zu einem Denker, Philosophen und Führer in der Christlichen Kirche wurde: Paulus, der Apostel. Er gab selbst zu, unter einem inneren Konflikt und Zerrissenheit zu leiden und mit seinen guten Absichten nicht zurechtzukommen. »Das Gute, das ich möchte, tue ich nicht; aber das Böse, das ich nicht tun möchte, das tue ich.« Er gewann jedoch den inneren Kampf mit sich selbst, und am Ende eines heldenmütigen Lebens mit viel Leid, Schmerzen, Schiffbruch, Schlägen, Steinigungen und schließlich dem Märtyrertod, konnte er sagen: »Ich habe einen guten Kampf gefochten, ich habe meinen Lauf beendet, ich habe geglaubt.« Dieser Mann war in Frieden mit sich selbst, hatte ein Selbst entwickelt, mit dem er in tiefer innerer Zufriedenheit leben konnte.

Und worin bestand sein Geheimnis? In folgenden Worten kommt es zum Ausdruck: »Ich lebe; doch nicht ich, sondern Christus lebt in mir.« Das heißt, sein Leben war nun zentriert, nicht auf seine gespaltene und unharmonische Persönlichkeit, sondern auf Christus, bei dem es keine Spaltung und keinen Konflikt gibt. Christus wurde zur Mitte, um die herum sich seine Persönlichkeit organisierte. Damit wurde Paulus zu einem Menschen, der mit sich selbst einträchtig leben konnte.

Wie konnte diese Verwandlung in Paulus' Leben stattfinden? Es ist ganz einfach und könnte Ihnen oder mir genauso passieren. Paulus wandte sich der Religion zu. Er legte sein Leben in Gottes Hand und versuchte, nach den von Christus gelehrten Idealen zu leben. Von da an ging er keine Kompromisse mehr ein. In seinem Glauben fand er den Schlüssel zu einer friedlichen Beziehung mit sich selbst. Er hatte entdeckt, daß seine Seele, wenn er nach den Prinzipien und im Geiste Christi lebte, in Frieden leben konnte, weil sein Verstand klar war.

Eines Tages kam ein Mann zu mir und fragte mich, ob ich als moderner Priester immer noch an die alten viktorianischen religiösen Vorstellungen glaubte. Er fragte, ob die Kirche sich inzwischen so weit emanzipiert hätte, einzusehen, daß sie mit den – wie er sie nannte – »alten moralischen Verboten« unrecht gehabt hätte. Ich sagte ihm, daß die Kirche noch immer glaube, daß Sünde Sünde sei. Daraufhin ließ er eine Tirade gegen die Kirche im allgemeinen und gegen die Priester im besonderen los. Er sagte, er habe »alle diese Glaubensanschauungen« über Bord geworfen und sei absolut glücklich.

Dabei war es so einfach zu sehen, daß er weit vom Glücklichsein entfernt war und sich statt dessen in einer seelischen Misere befand. Während er heftig gegen die Kirche und ihre Priester wetterte, versuchte er kläglich, seine Sünden vernunftgemäß zu erklären. In Wirklichkeit schimpfte er auf sich selbst. Während ich ihn ansah, dachte ich, wie unglücklich er sich durch sein sündiges Leben doch fühlen mußte, wie verwirrt sein Verstand sein mußte, welcher Druck auf seiner Seele lasten mußte. Wenn ich ihm nun hätte sagen können: »Laß dein Selbst hier und geh ohne es weg«, wäre er mir ewig dankbar gewesen. Aber niemand konnte das für ihn tun; er konnte es auch nicht für sich selbst tun. Er mußte mit dem Selbst weiterleben, das er sich geschaffen hatte.

Aber als christlicher Geistlicher konnte ich ihm raten, wie er dieses ändern konnte. Aus der Bibel zitierte ich ihm folgende Worte, in denen der Heilige Paulus sich über seine eigene Erfahrung äußert: »Wenn jemand in Christus ist, ist er ein neuer Mensch: Altes ist vergangen; siehe, alles wird neu.«

Er hörte zu, und dann sprach er nachdenklich zu sich selbst: »Altes ist vergangen...«

Ich sagte: »Das wäre doch wunderbar, nicht wahr?« Er nickte.

»Sie haben ja keine Ahnung«, brach es aus ihm hervor.

Um es kurz zu machen: Diesem Mann passierte im 20. Jahrhundert dasselbe wie Paulus im 1. Jahrhundert. Er wurde bekehrt und akzeptierte Christus in seinem eigenen Leben. Wenn Sie sehen könnten, wie glücklich er heute ist, dann würden Sie erkennen, wieviel Wahrheit darin steckt, wenn ich sage, daß Christus die Macht hat, das schwärzeste Selbst in ein strahlendes zu verwandeln.

Um unser Gewissen zu kontrollieren und uns von der Schuldenlast zu befreien, müssen wir Gutes tun. Dafür aber müssen wir erst wissen, was darunter zu verstehen ist. Als Kirchenmann wurde und werde ich oft gebeten, die Bedeutung von »Gut« und »Böse« zu erklären. Dieser Punkt stiftet einige Verwirrung. Es hat sich auch vieles seit der Generation unserer Eltern, die eine klare Abgrenzung zwischen Gut und Böse erkannten, geändert. Diese einstmals klare Grenzlinie ist heutzutage verwischt. Es existiert eine Grauzone der Unsicherheit, wo Schwarz und Weiß kaum noch erkennbar sind. Wir leben in einem Zeitalter moralischer Verwirrung, zu einem zynischen Zeitpunkt, wo man im Falschen noch einen guten Teil »fast Richtiges« entdeckt, und im Richtigen etwas »fast Falsches«. Wer im spirituellen Leben eine Orientierung gefunden hat, muß sich damit nicht herumschlagen. Da dies aber nicht allzu häufig der Fall ist, bedarf die Frage, was richtig und was falsch ist, einer näheren Erläuterung.

Ein hoffnungsvolles Zeichen ist das wachsende Bedürfnis vor allem unserer Jugend nach einer sicheren moralischen Basis. Im Hinblick auf dieses wachsende Bedürfnis müssen wir den Menschen vor Augen führen, was »Gutes« ist, anstatt ihnen nur zu sagen, sie sollten Gutes tun. Man muß sie lehren, klar zwischen Richtig und Falsch zu unterscheiden. Nur so ist zu vermeiden, daß sie dem moralischen Kompromiß unterliegen, der für das Schuldgefühl verantwortlich ist, welches das Glück vieler Menschen heutzutage überschattet. Es muß ihnen gezeigt werden, daß neben den Oberflächlichkeiten einiger religiöser Konzepte auch eine zeitlose und unverrückbare Moral existiert. Gesellschaftliche Anforderungen beeinträchtigen unsere Moral. So war, zum Beispiel, der Pferdediebstahl zu Zeiten des Wilden Westens ein großes Verbrechen, weil ein Menschenleben oft von einem Pferd abhing. Ohne sein Pferd war man auf der weiten Prärie den Indianern, rasenden Büffelherden, Hunger, Durst und anderen Gefahren ausgeliefert. In einer Industriegesellschaft mit vielen Transportmöglichkeiten ist der Autodiebstahl moralisch nicht so schwerwiegend wie unkorrekte Arbeitsbedingungen für Angestellte oder Börsenspekulationen, bei denen Tausende kleiner Investoren ruiniert werden können.

In jeder Gesellschaft aber und unter jedwelchen Bedingungen gibt es einige grundlegende moralische Prinzipien, die nicht aus kurzlebigen Bedürfnissen der Gesellschaft erwachsen, sondern aus der uralten Erfahrung der Menschheit. Wir müssen uns also bewußt werden, daß es nicht nur möglich ist, gut zu leben, sondern daß uns dies tatsächlich auch gut *tut*. Ich möchte außerdem betonen, daß ein durch flüchtiges Moralempfinden verursachtes Schuldgefühl oder auch eine wirkliche Sünde ganz und gar ausgelöscht werden kann. Der Mensch muß *wissen,* daß er sich einer Sünde entledigen kann, wenn er sie erst richtig zur Kenntnis nimmt. Er muß wissen, daß ihm vergeben wird und er dann das Leben leichten Herzens angehen kann.

Eine Frau in mittleren Jahren fragte mich in einer belanglosen häuslichen Angelegenheit um Rat. Während wir sprachen, zeigte sich, daß sie ganz und gar unglücklich war. Später gestand sie mir beschämt, daß eine schwere Sünde auf ihrem Gewissen lastete. Dies war der Infektionsherd in ihrer Seele.

Nachdem ich mehrere ähnliche Fälle kennengelernt hatte, kam ich zu dem Schluß, daß Sünde mehr sein muß als ein theologischer Begriff. Sieht man in ihr eine Infektion der Seele, ist man der Sache schon viel näher. Trauer verletzt uns ebenso, aber es handelt sich dabei um eine saubere Wunde, die ganz normal verheilt. Die Sünde dagegen ist wie eine Kriegsverwundung durch einen Granatsplitter, der das gesunde Fleisch um die Wunde infiziert und Schlimmeres nach sich ziehen kann, wenn man ihn nicht rechtzeitig entfernt. Wenn jemand sündigt, versucht sein Verstand dies vernunftmäßig zu rechtfertigen und zu isolieren. Dies ist vergebliche Mühe; denn je tiefer sich die Sünde in das Bewußtsein eingräbt, desto mehr infiziert es sich. Manchmal gipfelt das Ganze in einem Nervenzusammenbruch. Das Leben ist nicht mehr bunt und angenehm für den Sünder; denn die Infektion hat bereits sein spirituelles Zentrum in Mitleidenschaft gezogen.

Die oben erwähnte Frau vertraute mir in meiner Priestereigenschaft ihre Sünde an. Ich betete mit ihr, und beide baten wir Gott, daß ihr vergeben werden möge. Dann kam ein Gefühl des Friedens über die Frau, zum Teil wohl deshalb, weil sie erleichtert war, ihre Sünde losgeworden zu sein; aber es war mehr als das. Der Frieden, den sie empfand, war, wie Christus sagte, »nicht von dieser Welt«. Es war der Frieden Gottes, die tiefe Freude göttlicher Vergebung.

Eine der Methoden, zwischen einer guten Tat und einer schlechten zu unterscheiden, ist Ihr eigenes moralisches Unterscheidungsvermögen. Instinktiv wissen wir, was richtig ist und was falsch, ohne daß es uns gesagt werden muß. Es gibt ein wahres Licht, das allen leuchtet. Ein ehrlicher Mensch weiß durch sein inneres Licht, was richtig ist und was falsch.

Religion und Psychiatrie arbeiten aufgrund einer langen Erfahrung mit Menschen zusammen, die ihre Zeche bezahlen, die von ihrer Sünde sagen: »Es war nicht klug, das zu tun.« Es ist eine Binsenweisheit, daß, was klug ist, auch das beste ist.

Christi Lehren sind die sicherste Probe dafür, ob etwas gut oder schlecht ist. In seiner Lehre zeigt er den Weg auf, wie man dieses »selige Leben« erreichen kann, zum Beispiel in der Bergpredigt, im fünften Kapitel von Matthäus: »Selig (glücklich) sind, die reinen Herzens sind.« – »Selig sind, die da hungern und dürsten nach der Gerechtigkeit.«

Eine wichtige Funktion der Religion – und ich glaube auch, der Psychiatrie – ist, den Weg zu einem glücklicheren Leben zu weisen, indem man die Menschen lehrt, wie sie mit ihrem Schuldgefühl fertig werden können. Die Psychiatrie wendet ihre eigenen Methoden, Diagnose und Behandlung an. Die Religion bringt verzweifelten Gemütern das Wissen, daß Gott verzeiht, und damit den Frieden.

V
Versagen oder Erfolg?

Smiley Blanton:
Das rechte Maß

Es mag vielleicht paradox erscheinen, aber je bewußter und zivilisierter der Mensch lebt, um so leichter wünscht er sich zu versagen – möchte er verlieren. Dieses übertriebene unbewußte Gefühl, nichts wert zu sein, und diese krankhafte Selbstkritik, zusammen mit einem unbewußten Drang, sich selbst zu verletzen, ist vielleicht der am wenigsten verstandene Aspekt des Schuldgefühls. Um dies verstehen zu können, müssen wir etwas über die Beschaffenheit nicht nur des Schuldgefühls, sondern auch über die des damit verbundenen Wunsches nach Selbstbestrafung wissen.

Wie in allen anderen Studien über die Motivation menschlichen Verhaltens, müssen wir auch hier die alltäglichen Denkkriterien, die nur den bewußten Verstand angehen, beiseite lassen.

Als Edward T. auf der Suche nach Rat und Hilfe zu einem Pastor kam, war er ein gebrochener Mann. Er hatte seine Kräfte in einem scheinbar hoffnungslosen Existenzkampf aufgebraucht. Er hatte versagt, war krank und depressiv und fragte sich, ob sich das Schicksal gegen ihn gewandt hatte oder ob Gott ihm irgendeine Bestrafung für seine Sünden schickte.

Sein Vater war ein ernster, aufrichtiger, hart arbeitender Mann. Er war aus Europa nach Amerika gekommen und hatte in einer kleinen Stadt eine Drogerie eröffnet. Die Stadt wurde größer, und auch das Geschäft des Vaters wuchs, so daß er, als Edward zu einem jungen Mann herangewachsen war, in Nachbarorten drei Filialen aufgemacht hatte.

Edward hatte noch eine Schwester, die heiratete und ihr Zuhause verließ. In der Schule erzielte er sehr gute Leistungen und wollte eigentlich Historiker werden. Sein Vater jedoch bat ihn, mit ihm im Geschäft zu arbeiten und es später zu übernehmen. Er erzählte ihm, wie hart er für das Geschäft gearbeitet hatte und ließ ihn wissen, daß er niemanden außer ihm hätte, dem er es überlassen könnte.

Eine Zeitlang kämpfte Edward mit seinen gemischten Gefühlen, gab aber schließlich seinem drängenden Vater nach, ließ seine Pläne für ein Lehrerstudium fallen und trat in das Geschäft ein. Er haßte jedoch die Drogerie, weil sie seine Enttäuschung verkörperte; und dieser Haß schloß auch einen Widerwillen gegen seinen Vater ein, der ihn gezwungen hatte, einen Weg einzuschlagen, den er nicht gehen wollte.

Dennoch war er sehr gewissenhaft und arbeitete hart. In Wirklichkeit arbeitete er um so mehr, je mehr er die Arbeit haßte. Lange Stunden brachte er damit zu, die Details der Geschäftsführung kennenzulernen, und wurde ein tüchtiger Assistent für seinen Vater. Es vergingen zwanzig Jahre, dann starb Edwards Vater plötzlich. Nach ein paar Jahren ging es, trotz seiner Anstrengung, mit dem Geschäft bergab. Mit zwei Filialen machte er Konkurs, und die dritte mußte er mit Verlust verkaufen.

Dann fing auch das Hauptgeschäft an, schlechtzugehen, und trotz verzweifelter Versuche, es zu halten, mußte er auch dieses Geschäft mit Verlust verkaufen.

Edward T. eröffnete in einer benachbarten Stadt ein neues Geschäft, zusammen mit einem Partner, um dessen Vorgeschichte er sich aber kaum gekümmert hatte. Dieser Mann war sehr gerissen und stellte sich schließlich als Betrüger heraus. Eines Tages wurde er verhaftet. Edward T. mußte sein ganzes verbliebenes Vermögen aufwenden, um sich selbst aus der unangenehmen Situation, in die er durch den Partner geraten war, herauszumanövrieren.

Schließlich arbeitete er für andere. Aber die Zeitspannen, während derer er eine Anstellung hatte, wechselten immer mit langer Arbeitslosigkeit ab. Als er den Priester aufsuchte, war er schon lange mittellos. Der seelische und nervöse Streß, dem er jahrelang ausgesetzt war, hatten ihn chronisch müde und krank gemacht.

Es ist offensichtlich, daß Edward T.'s Scheitern nicht auf fremde Fehler zurückzuführen ist, sondern auf sein eigenes Verhalten, das von seinem Unterbewußtsein ausgelöst worden war. Schon ganz am Anfang hatte er ein starkes Widerstreben gegen das Geschäft verspürt, das sein Lebenswerk werden sollte. Dieser Widerwillen und der Zorn auf seinen Vater, der ihn zu dieser Tätigkeit gezwungen hatte, führten zu einem unbewußt ausgelösten Schuldgefühl. Je mehr er sich, Jahr für Jahr, bewußt wurde, daß er für diesen Beruf nicht geeignet war, desto mehr wuchsen sein Zorn und sein Widerwillen, bis er, um sich selbst für diesen Haß auf seinen Vater zu bestrafen, langsam scheitern *wollte*.

Robert S. war Rechtsanwalt für eine Firma, die Elektroinstallationen machte. Er hatte den starken Verdacht, daß der Vorsitzende dieser Firma die Kunden gelegentlich betrog. Nach fünf Jahren, in denen er beträchtliche Honorare kassiert hatte, hielt er schließlich einen Beweis für die Unehrenhaftigkeit seines Klienten in der Hand. Er ließ ihn fallen.

Aber schon lange vorher hatte er sich unbewußt schuldig gefühlt. Um die »Rechnung auszugleichen«, hatte er zum Teil sein Honorar »absichtlich« schlecht angelegt.

Manchmal ist unser unbewußtes Schuldgefühl klüger als unser Bewußtsein, weil es uns scheitern läßt. Wir bewerben uns zum Beispiel um eine Arbeit, die wir kompetent erledigen könnten, die uns aber unglücklich macht; und wir bleiben dabei, weil unser Bewußtsein uns dazu drängt. Wenn wir aber daran scheitern, finden wir den Weg heraus.

Kay P. wollte Schriftstellerin werden und fing nach der Schule bei einer Zeitung an. Frei war nur die Stelle der Assistentin für den Redakteur der Klatschspalte. Ein Jahr später kündigte dieser Redakteur, und Kay bekam seinen Posten. Sie arbeitete so gut, daß sie sowohl große Anerkennung als auch ein ständig wachsendes Gehalt erhielt. Aber das waren nicht die Themen, über die sie schreiben wollte. Sie begann, die Wohltätigkeitsveranstaltungen und Hochzeiten zu hassen, an denen sie teilnehmen mußte. Sie haßte den ständigen Druck, Dinge zu Papier bringen zu müssen, die für sie dumm und unwichtig waren.

Mit der Zeit wuchs ihr Verdruß. Sie begann, bei der Redaktion von Berichten Fehler zu machen oder Namen zu verwechseln. Dann ließ sie wichtige Ereignisse einfach weg. Sie wurde abgemahnt, aber vergeblich. Und dann kam der größte Ausrutscher: Sie verwechselte ein Hochzeitspaar mit einem anderen berühmten Paar, das gerade in Scheidung lag.

Solch ein Fehler konnte nur passieren, weil sie unbewußt versagen wollte. Es klappte: Sie wurde entlassen. Ganz deprimiert von dem Schlag, suchte sie den Priester der Kirchenklinik auf. Ob sie denn unfähig sei, fragte sie. Als dann aber ihre Abneigung gegen jene Arbeit aufgedeckt wurde, fragte man sie: »Wenn Sie jetzt Aladins Wunderlampe reiben könnten, welche Arbeit würden Sie sich wünschen?«

»Ich würde für den Rundfunk arbeiten«, antwortete sie, »und ich glaube, das könnte ich auch.«

Schließlich fand sie Arbeit bei einer Rundfunkanstalt, und nach ein paar Monaten war sie glücklich und auf dem Weg zum Erfolg. Das Unterbewußtsein dieser Frau wußte es besser als ihr Bewußtsein.

Es gibt Menschen, die versagen, weil die Ziele, die sie sich selbst gesteckt haben, für sie nicht erreichbar sind; weil ihr Programm selbst eher Phantasie als Realität ist.

Robert G., zum Beispiel, war ein hervorragender junger Zahnarzt, der sich in einer kleinen Stadt niederließ, wo er aber, um zu beruflichem Erfolg zu gelangen, auch gesellschaftlich Erfolg haben mußte. Er war jedoch so schüchtern, daß er rot wurde, wenn ihn ein Fremder ansprach, und so unbeholfen, daß er nur schlecht tanzte. In seiner Freizeit betrieb er Vogelkunde, worin er schon fast zum Experten geworden war. Das war dann auch sein einziger Trost, als alle seine Versuche, im Gesellschaftsleben Erfolg zu haben, scheiterten.

Es wäre vernünftig, zu erwarten, daß alle diese Menschen,

wenn sie sich selbst beobachten, fähig sein müßten, ihre Schwäche zu erkennen und sie rational zu betrachten. Warum erkennen sie nicht das Offensichtliche an ihrem Benehmen? In Wirklichkeit sehen sie es natürlich, aber sie interpretieren es falsch. Edward T. sah sehr wohl, daß er in der Drogerie seines Vaters versagte. Da er jedoch nicht fähig war zuzugeben, daß er unbewußt lieber das Geschäft und sein eigenes Leben zugrunde richtete, als den Wunsch seines Vaters zu akzeptieren, erklärte er sich das Ganze damit, daß er vom Schicksal verfolgt wurde. Das tat er vor allem deswegen, weil es für ihn zu schmerzhaft war, seinen eigenen Haß und Zorn auf den Vater anzuerkennen. Dieser Gedankengang ist als das rationalisierende Verfahren bekannt; das heißt, man läßt eine Erklärung logisch erscheinen, selbst wenn sie es gar nicht ist. Dieses Verfahren läßt uns die wirklichen Gründe für bestimmte Geschehen nicht erkennen. Es ist eine teure und destruktive Denkart – und nur allzu weit verbreitet.

Nur, wenn der bewußte und der unbewußte Wille übereinstimmen, können wir ohne innerliche Spannung zu Erfolg gelangen. Wenn nicht beide übereinstimmen, wird der Mensch erst in eine Richtung und dann in die andere gezogen. Man sagt dann von ihm, er hätte einen schwachen Willen, was aber nicht zutrifft oder falsch ausgedrückt ist; denn er mag einen sehr starken Willen haben. Je stärker der Wille ist, desto destruktiver kann, hier gespalten, das Ergebnis sein. Nicht das Fehlen von Willenskraft ist es, was den Menschen nicht handeln läßt, sondern der Konflikt zwischen dem bewußten und dem unbewußten Willen.

Aber die Abhilfe liegt nahe. Man muß herausfinden, aus genau welcher im Unterbewußtsein vergrabenen Erfahrung das Schuldgefühl – und damit der Wunsch nach dem Scheitern – entstanden ist. Mit Verständnis kann der Konflikt gelöst und der Zustand gebessert werden.

Jeder Mensch hat manchmal das Gefühl, nichts wert zu sein. Alle fühlen wir uns unseren Aufgaben nicht gewachsen, der eine mehr, der andere weniger. Dieses Gefühl gehört einfach zum intelligenten Menschen, wenn es auch manchmal in selbstbewußtem Auftreten verpackt ist. Man versteckt es vor der Umwelt;

aber ein guter Beobachter läßt sich nicht täuschen. Wenn jedoch der Eindruck der eigenen Untauglichkeit nicht einmal in etwa mit den Tatsachen übereinstimmt, dann ist es an der Zeit, in sich selbst nachzuforschen. Wenn man ständig denkt, nichts wert zu sein und dauernd zu versagen, kann das gefährlich werden. Wirkliche Versager verspüren diese Regungen kaum.

Wir sollten im Leben öfters einmal einhalten und die Bedeutung der Worte »Scheitern« und »Erfolg« neu festlegen. Ein erfolgreicher Mensch hat normalerweise seine Fehler ausgewertet und profitiert von dem, was er aus ihnen gelernt hat. Negative Ergebnisse bei einem wissenschaftlichen Versuch sind oft genauso wertvoll für den Forscher wie positive. Wenn wir scheitern, handelt es sich nicht um eine persönliche Niederlage. Würde man das so sehen, wäre es pathologisch; denn es geht hier nur um das Vorwärtskommen des Menschen durch Ausprobieren, wobei er sich auch irren kann. Seltsamerweise sieht das fast jeder ein, wenn es dabei um seine Arbeit geht, nur wenige aber akzeptieren auch, daß es ebenso auf ihr »spirituelles« Leben zutrifft.

Um Erfolg zu haben, muß man als erstes wissen wollen, was *man wirklich tun möchte.* Erst, wenn das Unterbewußtsein dem Bewußtsein zustimmt, kann man all seine ungehinderte Energie auf sein Ziel hin richten. Jeder Mensch hat das Recht, auf seine eigene Art glücklich zu werden, solange er dabei der Gesellschaft nicht schadet. Wir lassen uns viel zu oft durch den Willen und die Meinung anderer Personen von dem ablenken, was für uns Erfolg bedeutet.

Ein Mann mittleren Alters erzählte eines Tages bei einem Mittagessen eine ergreifende, kurze Geschichte. Er hatte immer das Land geliebt. Während seiner Jugend hatte er davon geträumt, Landwirt zu werden; und als er schließlich die Landwirtschaftsschule beendet hatte, schenkte ihm sein Vater ein großes Stück Ackerland. Er verheiratete sich glücklich und zog drei Kinder groß. An dem Abend, als sein letzter Sprößling das Abiturzeugnis erhielt, saß er vor seinem Haus und dachte daran, wie zufrieden und erfolgreich er doch sein Leben gemeistert hatte. Plötzlich hielt ein Wagen vor dem Tor und sein Nachbar rannte auf ihn zu. Auf dessen Grundstück, nur ein paar Meter von der gemeinsamen Abgrenzung entfernt, war Öl gefunden worden. Auf der hiesigen Seite des Zauns mußte also zweifellos genausoviel Öl vorhanden sein.

Seine Freunde, seine Frau und seine Kinder waren nun von dem Wunsch besessen, ihn nach Öl bohren zu sehen. Zögernd gab er nach und wurde plötzlich reich. Er sagt: »Jetzt bin ich zu reich, um mein Land selbst zu bewirtschaften. Ich bezahle nun einen Landwirt dafür. Meine Frau ist zu reich, um selbst ihren Haushalt zu führen. Manchmal, wenn Trockenzeit kommt, sitze ich vor meinem Haus und bin unbewußt besorgt darüber, daß es nicht regnet. Dann aber komme ich zu mir und merke, daß meine Ölquelle, ob mit Regen oder Trockenheit, ja weiter sprudeln wird. Ich habe keinen wirklich glücklichen Tag mehr erlebt, seitdem der Wagen meines Nachbarn vor dem Tor hielt.«

Eines Tages hat man ihm dann vorgeschlagen, daß er doch das durch das Öl gewonnene Geld wieder in den Boden stecken und experimentellen Ackerbau betreiten könnte. Mit einem Blitzen in den Augen schaute er auf.

»Dann könnte ich reich sein und trotzdem das Land bearbeiten.« So konnte er schließlich die Ansprüche seiner sozialen Gruppe mit seinen eigenen wirklichen Interessen unter einen Hut bringen.

Solange wir ständig durch uns selbst oder durch andere von dem, was für uns die Erfüllung unserer Wünsche bedeutet, abgelenkt werden, können wir nicht zufrieden sein.

Norman Vincent Peale:
Lieben und vergeben

Ich saß auf einem Balkon des bekannten Chateau Lake Louise in den kanadischen Rockies.

Vor mir lag der Lake Louise, einer der schönsten Seen auf der

Welt. Früher wurde er wegen seiner Farbschattierungen »Smaragdsee« (Emerald Lake) genannt. Er schimmert in verschiedenen Blau- und Grüntönen, kaleidoskopisch gemischt mit Violett und Gold, als würde ein Zauberer in seinem großen Zaubertopf die Farben vermengen. Mir gegenüber, am Ende des Sees, blitzte blendend weiß der Victoria-Gletscher herüber, flankiert von tannenbestandenen Bergen und schneebedeckten Gipfeln.

Als ich nun Dr. Blantons Analyse über die Konflikte des menschlichen Geistes las, frappierte mich der Kontrast zwischen diesem Thema und der friedvollen Macht, die das edle Panorama vor mir ausstrahlte. Dieser Gletscher liegt seit Tausenden von Jahren zwischen mächtigen Berggipfeln eingebettet. Er ist fast zweihundert Meter tief und bewegt sich nicht einmal zehn Zentimeter pro Jahr vorwärts. All die Eile und Aufregung der Menschen, die seine majestätische Schönheit bestaunen und bewundern, gehen ihn nichts an. Er, der sich der erhabenen Großartigkeit und der stillen Beredtsamkeit der Bergwelt ergibt, liegt auf einer Höhe, wo viele Dinge nicht mehr wichtig sind.

Von da oben aus ist das Luxushotel winzig klein, ebenso wie es unsere kleinen Haßgefühle, Eifersüchteleien und unser materieller Ehrgeiz sind. Aus einer solchen Höhe sieht man das Leben wohl so, wie Gott es sehen muß; sogar die menschlichen Sünden erscheinen winzig klein.

Setzen wir unser menschliches Schuldgefühl den zeitlosen Gletschern und der ewigen Stille verschneiter Berge gegenüber, so öffnet uns dies die Augen, wie klein doch unsere Sünden sind, im Vergleich mit der Größe Gottes; wie dumm es ist, wenn wir durch die Erinnerung an die Sünden unseren Frieden stören und unsere Kräfte zunichte machen lassen. Angesichts dieser Umgebung werden wir uns endlich bewußt, daß das Wichtigste an uns nicht das Schlechte ist, was wir getan haben, sondern unsere innere Größe.

»Dinge vergessen, die hinter uns liegen, und nach vorne greifen zu den Dingen, die uns da erwarten.« Das Geheimnis liegt darin, von unserem kleinen, aufgeregten, egozentrischen Denken wegzustreben und das Leben von oben her zu betrachten. Blicken Sie nach oben, weg von sich selbst, zu Gott! Gehen Sie dann vorwärts, den Blick auf Ihn gerichtet. So *können* Sie die Dinge, welche hinter Ihnen liegen, vergessen und statt dessen Neues angehen. Streben Sie von sich selbst weg und bringen Sie Berge, Gletscher – damit Gott – in Ihre Seele hinein.

Angenommen, Sie haben etwas falsch gemacht und es tut Ihnen leid: Bitten Sie Gott um Verzeihung, und dann vergessen Sie es. *Sie* sind doch so viel wichtiger als einer Ihrer Fehler! Klettern Sie höher hinauf und blicken Sie auf sich selbst herunter. Sehen Sie, was aus Ihnen werden kann. Erlauben Sie Ihrem Verstand nicht, immer wieder auf begangenen Fehlern herumzuhacken. Sie sind größer als Ihre Sünde, egal wie schlimm Sie Ihnen erscheinen mag. Gott hat Ihnen bereits vergeben, wenn Sie Ihn ehrlich darum gebeten haben. Sie müssen sich selbst genauso vergeben, wie Gott es getan hat. Drehen Sie Ihrem Schuldgefühl den Rücken zu und gehen Sie weiter, als sei nichts geschehen. Sie sind klüger geworden und verspüren Gott gegenüber, der Ihnen zu diesem Sieg verholfen hat, tiefe Dankbarkeit.

Sind Sie jedoch das Opfer eines chronischen Schuldbewußtseins, das Sie unglücklich machen will, indem es Sie zu übertriebener Selbstkritik führt und zu dem Versuch, sich selbst durch Versagen zu bestrafen, dann ist die Situation sehr ernst. Dann geht es um die Krankheit einer Persönlichkeit.

Dr. Blanton hat im ersten Teil dieses Kapitels diese Krankheit beschrieben. Ich versuche nun aufzuzeigen, wie die Religion zu einer Heilung beitragen kann. Ich sagte bereits, Sie sollten sich die Größe Gottes vorstellen und in einem Glaubensakt die Heilung, die Er Ihnen anbietet, annehmen.

Natürlich sind viele Menschen so geschwächt von dem Schuldgefühl, das sie so lange schon vergiftet hat, daß sie den Glauben, es zu überwinden, nicht haben. Dieser Defätismus ist per se bereits Selbstbestrafung; man gibt dem Drang, scheitern zu wollen, nach; oft genug sogar mit einer gewissen grimmigen Freude. Solche Menschen verstehen nicht, daß sie ihre Fesseln abschütteln und unbehindert vorwärts schreiten könnten, voller Energie und Vertrauen darauf, zu siegen.

Dem, der sich so rückgratlos der Niederlage hingibt, möchte ich antworten, daß er nicht nur seine größte Schwäche durch die

Religion überwinden kann, sondern daß sie sogar zu seiner größten Stärke werden kann. Egal wie groß Ihr Problem ist, in Gottes Augen ist es klein und unbedeutend! *Mit Gott ist alles möglich.* Ob Sie etwas zustande bringen, hängt von Ihrem Glauben ab. In der Bibel steht, ein Mensch sei so groß wie sein Glauben. Mit dem Glauben, so klein wie ein Senfkorn, kann man Berge versetzen.

Bringen Sie dies in Ihr Bewußtsein hinein. An deiner schwächsten Stelle kannst du der Stärkste werden.

Wir alle haben schwache Stellen und eine *schwächste* Stelle. Natürlich geben wir das nicht gerne zu; wir kehren lieber unsere Stärken hervor. Wir sind nicht gerne ehrlich mit uns selbst. Wir tendieren dazu, uns selbst gegenüber nicht objektiv zu sein. Wir lassen unseren Verstand arbeiten, aber nicht mit den wirklichen Fakten, sondern wir erfinden vernunftgemäße Gründe für unser Verhalten. Unser Unterbewußtsein spielt seine Tricks gegen uns aus.

Aber wir können auch an unserer schwächsten Stelle der Stärkste sein. Wenn Sie Ihre Schwäche besiegen, strömt die Macht, die die Schwäche *über* Sie hatte, *in* Sie hinein. Jedesmal, wenn Sie Ihrer Schwäche Herr werden, wächst Ihre Kraft. Die Kraft der Schwäche verringert sich um den Anteil, den Sie gewinnen.

Der allerletzte Schritt ist die Vernichtung Ihrer Schwäche und die Übernahme der Macht, die sie auf Sie ausübte. Wenn wir eine Schwäche, die wir in uns erkannt haben, entschieden ausmerzen wollen, konzentrieren wir alle unsere Kräfte auf diesen Punkt, so sehr, daß genau dieser Punkt eben unser stärkster wird. Der Vorgang des »Schweißens« kann diesen Gedanken verdeutlichen. Wenn man etwas schweißt, stellt man eine Verbindung zwischen zwei Metallenden an einem Kontaktpunkt her, der normalerweise stärker als das Metall selber ist.

Wir sollten immer daran denken, daß die menschliche Tendenz dahin geht, unsere Schwächen zu beschönigen, zu entschuldigen und zu verteidigen. Manchmal müssen wir aufgerüttelt werden, damit wir uns deutlich genug sehen in die Lage kommen, unsere Schwäche ehrlich als solche anzuerkennen.

Dabei kann uns die Religion helfen. Sie löst im Menschen mehr Kraft und Stärke aus, als er jemals selbst hervorzubringen könnte. Dadurch gelangt er auf eine Existenzebene, die ihn über allem stehen läßt, was ihn im Leben erwartet. Einst lebte ein Mann, der diese Gabe der Macht in sich trug und sie durch spirituelle Verbindung auf andere übertrug. Er versprach uns, daß derjenige, der an ihn glaube, dasselbe oder mehr noch als er vollbringen könne. Wenn wir zurückgehen und das Leben Jesu betrachten, so liegt die Quelle Seiner Macht, Seiner Göttlichen Energie, in Seinem Glauben an Gott. Er hielt engen Kontakt mit Gott und war in ständiger Verbindung mit Ihm. Deshalb wurde Er zu einem Kanal für Göttliche Energie.

»Wenn du glauben kannst, sind alle Dinge möglich«, lehrt Christus. Das heißt, wir sollen jegliche Spannung fallenlassen, jeden Zweifel und jede Furcht, aus unserer Schwäche heraus auf Ihn blicken und unser Leben ganz entspannt Ihm anvertrauen. Nur wenn Sie wirklich loslassen, wird Ihr Leben zu einem offenen Flußbett, in das die kraftverleihende Gnade Gottes strömen kann, wie die Flut eine trockene, durstige Landschaft nach einer langen Dürre überspült.

Wir können mit jedem Problem in diesem Leben umgehen, wenn wir durch den Glauben unsere Seele der Kraft Gottes öffnen.

Viele Menschen denken, Religion sei etwas Lebensfremdes. Ich dagegen sehe sie gerne als eine Medizin, die unsere Seele heilt. Sie wirkt auf die Gifte ein, die unser Bewußtsein und unser Unterbewußtsein infiziert haben. Sie jagt die Krankheitskeime und zerstört sie durch die Wärme ihres gesunden Lebens. Für mich ist Religion eine wirksame therapeutische Hilfe.

Lassen Sie mich Ihnen von einem Mann, der eine verantwortungsvolle Position innehatte, erzählen. Er sah aus, als wäre er ein robuster Kerl, und wenn man nichts von dem Tumult in seiner Seele wußte, hätte man ihn für gesund und stark gehalten. Dieser Mann wachte früh morgens auf, voller Sorge um seine Familie und sich selbst. Er hatte außerdem panische Angst, daß ihn alte Fehler einholen könnten. Nach stundenlangem nächtlichem Husten war er schon erschöpft, bevor sein Tag begann. Seine

Nerven waren so sehr heruntergewirtschaftet, daß er leicht die Geduld verlor und er daher oft mit anderen in unglückliche Situationen geriet. Sein Berufsleben stand auf dem Spiel, da der innere Streß, unter dem er arbeitete, all seine Energie, die er besser in die Arbeit investiert hätte, auffraß.

Er hatte eine meiner Radiosendungen gehört, in der ich über den religiösen Glauben gesprochen hatte. Er suchte mich auf und legte eine Beichte über einige Sünden ab.

Dadurch verschwand aus seiner Seele und seinem Herzen das Schuldgefühl, das ihn und seinen Körper jahrelang vergiftet hatte. Dr. Blanton und ich verhalfen ihm dann dazu, in Gott nicht nur ein schwaches theologisches Konzept zu sehen, sondern jemanden, der uns nahe steht, der es auch so meint, wenn er sagt: »Meine Gnade ist auch für dich.« Ich drängte ihn dazu, seinen Glauben wie ein kleines Kind zu praktizieren. Er sollte an einen lieben Vater glauben und sein nervtötendes Leben in Gottes Hände legen. Mit dem einfachen Glauben könnte er all seine Ängste schließlich loslassen. Dadurch verschwanden nach und nach sein Streßgefühl und seine Angespanntheit. Heute lebt dieser Mann ruhig und in tiefem Frieden mit sich selbst. Seine alte Leistungsfähigkeit hat er wiedergewonnen, und sein Leben ist wieder freudvoll geworden.

VI

Gedanken zur Trauerarbeit

Smiley Blanton:
Wachsen durch Leid

Was heißt Leiden? Die Antwort darauf finden wir in den griechischen Tragödien, den Stücken Shakespeares oder in der Bibel. Das Thema kommt immer wieder vor. Die Menschheit hat die Erfahrung gemacht, daß mit Würde ertragenes Leid die Persönlichkeit bereichert und den Charakter stärkt; natürlich nur, wenn dieses Leid unvermeidbar ist, wenn es nicht durch menschliches Zutun vermieden werden kann. Es darf kein selbst auferlegtes Leid sein.

Die Funktion des Psychiaters besteht darin, dem Leidenden zu helfen, die Wurzel für sein Leiden zu finden und, wenn möglich, ihm zu zeigen, wie er sie ausreißen kann. Der Psychiater bringt, wie der Priester, Wohlwollen und Verständnis für diese Aufgabe mit. Außerdem verfügt er über ein spezielles Wissen über das Funktionieren des Verstandes, was ihm ermöglicht, Menschen zu helfen, die sonst von ihrer Bürde erdrückt würden. Der Psychiater kann feststellen, ob man sich das Leiden unwissentlich selbst auferlegt oder sein Unglücklichsein selbst verlängert. Wenn das der Fall ist, kann er es analysieren und Hilfe anbieten.

Menschen können auf verschiedene Art und Weise leiden. Der Tod, zum Beispiel, oder eine Trennung – das sind Leiderfahrungen, die alle schon einmal gemacht haben. In diesen Fällen wird der Verstand von einem monopolisierenden Gefühl durchdrungen, und die Liebesfähigkeit bleibt für den Augenblick nur auf denjenigen beschränkt, den man gerade verloren hat. Unvermeidlich leidet dann die Seele des Menschen; er fühlt sich deprimiert, verliert das Interesse an der äußeren Welt und an alltäglichen Tätigkeiten.

Doch, egal wie schwer der Kummer ist, unsere Liebe, mit der wir den verlorenen Menschen umgeben haben, wird sich nach einer Weile etwas anderem zuwenden. Diese Reaktion ist notwendig, wenn wir weiterleben wollen. Normalerweise finden wir, nach einer Zeit des Trauerns, unsere Liebesfähigkeit wieder.

Es gibt Menschen, die übermäßig lange einem Verlust nachtrauern. Sie jedoch tragen andere Gründe in sich, welche ihnen nicht erlauben, sich dem Leben wieder anzupassen. Entweder haben sie den verlorenen Menschen auf unvernünftige Weise allzusehr geliebt, oder sie haben einen unbewußten Groll gegen ihn gehegt, was das kindliche Gewissen aufnimmt und gegen sie verwendet. Unter den Elementen, aus denen sich während der Trauerzeit ihr Kummer zusammensetzt, befinden sich auch krankhafte Selbstkritik und Selbstvorwürfe. Wenn wir nach einer normalen Zeit des Trauerns unseren Kummer nicht loslassen, wollen wir uns selbst für etwas bestrafen und übertreiben es mit unserem Schuldgefühl.

In einigen Fällen ufert dieser krankhafte Kummer in das aus, was wir Melancholie nennen.

Ein Beispiel: Natürlich betrauerte Mrs. Drew den Tod ihres vierjährigen Sohnes sehr; aber wochenlang später trauerte sie noch genauso stark weiter, obwohl ihre anderen vier Kinder und ihr Mann sie trösteten und sie brauchten. Sie zog sich immer mehr von ihnen und ihren Freunden zurück und verbrachte die meiste Zeit des Tages mit Weinen. Sobald sie bei einem Gespräch an ihr totes Kind erinnert wurde, brach sie in Tränen aus. Sie war gläubige Christin, aber die Religion half ihr auch nicht.

Es waren drei Monate vergangen, als ihr Pastor sie besuchte und feststellte, daß es wohl irgendein Hindernis in ihrem Gemüt geben mußte, was ihren Kummer lebendig erhielt. Er bat sie darum, bei der Kirchenklinik hereinzuschauen. Sie ging hin, aber konnte vor lauter Weinen nicht einmal ganz allgemein über ihr Leid sprechen.

Man mußte etwas finden, was das Interesse von Mrs. Drew wecken und ihre Gedanken zeitweise auf ein anderes Ziel lenken würde. Man fragte sie, ob sie nicht für ein paar Stunden am Tag die kirchliche Kindergruppe betreuen wollte. Sie sagte zu und erfüllte ihre neuen Pflichten gewissenhaft. Nachdem sie einige Wochen dort ihre Gefühle hatte ablenken können, konnte sie endlich über sich selbst sprechen und erzählte uns ihre Geschichte.

Als sie bereits vier Kinder hatte – das jüngste war gerade sechzehn geworden –, fand sie heraus, daß sie wieder schwanger war. Im ersten Moment war sie erschrocken und beunruhigt. Sie mußte einfach immer daran denken, daß ein neues Kind ihre Mühe noch verstärken würde.

Der Gatte von Mrs. Drew war ein Geschäftsmann, der oft verreisen mußte; und wenn er frei hatte, ging er gerne seinen Hobbys nach. Da ihre anderen Kinder beinahe schon erwachsen waren, füllte sie ihr Leben mit ihrem Haushalt aus, den sie sehr penibel führte. Ihr Leben war sehr eingeschränkt, und ein neues Kind würde es noch mehr einschränken. Ihre moralischen Prinzipien erlaubten ihr jedoch keinen Schwangerschaftsabbruch. So sah ihre Lage aus, als das fünfte Kind kam. Körperlich ging es ihr gut, aber seelisch war sie depressiv. Im letzten Monat vor der Geburt weinte sie ständig.

Aber als das Baby dann kam, änderte sich ihre Einstellung. Es wuchs zu einem gesunden, hübschen Jungen heran, und sie war glücklich mit ihm. Je größer er wurde, desto mehr klammerte sie sich gefühlsmäßig an ihn, und ihr ganzes Leben drehte sich um ihn.

In einem der Gespräche in der Kirchenklinik sagte sie: »Ich habe es nicht gemerkt, aber offenbar habe ich den Jungen zum Ventil meiner Liebe gemacht. Durch meine Situation zu Hause war ich nach Zuneigung absolut ausgehungert. Meine größeren Kinder brauchten mich nicht mehr so sehr, und mein Mann schien andere Leute bei seiner Arbeit und Freizeit mir vorzuziehen. Ich wollte, daß mein Baby für den Rest meines Lebens in meinem Herzen bleiben sollte.«

Mrs. Drews konfliktive Emotionen, die sie dem ungeborenen

Kind entgegengebracht hatte, und ihre exzessive Liebe zu ihm hinterher offenbarten, daß sie gefühlsmäßig blockiert und ausgehungert war. Wünsche sind für das Unterbewußtsein dasselbe wie bereits ausgeführte Taten, und es bestraft uns für die Wünsche, als hätten wir sie schon ausgeführt. Mrs. Drews anfängliche Verstimmung und ihr Widerstreben wurden von ihrem Unterbewußtsein so interpretiert, als würde sie ihrem Kind den Tod wünschen; und als das Kind später starb, fühlte sie sich unbewußt verantwortlich dafür. Daher rührte ihr krankhafter Kummer.

In einem ähnlich pathologischen Zustand befand sich Mrs. Z., die den Pastor in der Kirchenklinik aufsuchte, um mit ihm über ihre tiefe Depression zu sprechen. Ihr Mann und sie hatten etwa dreißig Jahre lang ein recht bewegtes Eheleben geführt. Mr. Z. war ein treuer, hartarbeitender Mensch, hatte aber ein heftiges Temperament; daher stritten sie oft. Mrs. Z. war oft über seine Unvernunft verärgert, aber sie hatten genug positive Faktoren in ihrem Eheleben, so daß beide zufrieden waren.

Mr. Z. hatte sich, auf Anraten seines Arztes, bereits aus dem Geschäftsleben zurückgezogen, da sein Herz ihm Probleme bereiten könnte. Zwei Jahre später beklagte er sich eines Nachts über leichte Kopfschmerzen. Seine Frau fragte ihn, ob sie den Arzt rufen sollte, aber er wollte nicht. Als sie am nächsten Morgen in sein Zimmer kam, fand sie ihn tot vor.

Die Todesursache war ein Blutgerinnsel in einer seiner Herzarterien. Diese Möglichkeit war vom Arzt bereits vorhergesehen worden. Mrs. Z. jedoch machte sich bittere Vorwürfe, weil sie sich sagte, sie habe ihren Mann vernachlässigt. Sie dachte, wenn sie den Arzt trotz der Ablehnung ihres Mannes geholt hätte, dann wäre er jetzt noch am Leben. Der Arzt widersprach ihr. Aber sie bestand darauf, daß sie teilweise am Tode ihres Mannes schuld war und daß Gott sie sicherlich dafür bestrafen würde.

Es hat keinen Sinn, mit jemandem wie ihr herumzustreiten; und es wäre ein ernster Fehler, zu versuchen, jemandem seine Depression auszureden. *Die geringste Depression* verlangt eine Behandlung durch Experten.

Im Falle von Mrs. Z. waren die Streitereien mit ihrem Mann und ihr daraus entstehender Zorn auf ihn, solange er noch lebte, ihrem Unterbewußtsein eingeprägt worden. Anderen Leuten gegenüber bestand sie darauf, daß er der ideale Ehemann wäre, obwohl alle wußten, daß er leicht aus der Haut fuhr. Sie konnte jedoch ihr Unterbewußtsein nicht täuschen, wo ihr jahrelang aufgestauter Zorn von ihrem kindlichen Gewissen als aggressive Tätlichkeit gegen ihren Mann interpretiert wurde. Daher hatte sie, als ihr Mann dann starb, das Gefühl, aktiv zu seinem Tod beigetragen zu haben.

Bei Depression oder Melancholie, wo Kummer oder Trauer bereits pathologisch geworden sind, gibt es fast immer ein unbewußtes Schuldgefühl; ersteres kann ohne Veränderung von letzterem nicht geheilt werden. Sollen die betroffenen Menschen Hilfe durch ihre Religion erfahren, so müssen sie doch zunächst erst verstehen lernen, wie ihr kindliches Gewissen ihnen unbewußte Hindernisse in den Weg legt. Tiefer, vernichtender Kummer entsteht nicht nur durch den Verlust geliebter Personen, sondern auch durch den Verlust des Glaubens.

Einige Indianerstämme der »Westindischen Inseln« starben aus, nachdem die Spanier gekommen waren, ihre Zivilisation zerstört und sie versklavt hatten. Einige polynesische Stämme reduzierten sich rapide, als sie unter die Herrschaft der Weißen geraten waren, die ihnen eine neue Zivilisation gebracht hatten. Einzelne Menschen oder ganze Völker können überleben, wenn sie unterdrückt werden; nimmt man ihnen aber ihre Ideale und ihren Glauben, entsteht daraus eine Depression, die das Leben nicht mehr lebenswert erscheinen läßt.

Ein anderer Auslöser für Depressionen oder Melancholie ist den Psychiatern als der Verlust eines Traum-Vaters bekannt, von dem das Erwachsenenleben eines Menschen geprägt wird. Alle haben wir wirkliche Eltern und eingebildete Eltern.

Der Vater von Mr. Robert J. war Ingenieur und die meiste Zeit nicht zu Hause. Wenn er zurück kam, erzählte er von seinen Abenteuern an ausgefallenen Orten und wurde in den Augen des heranwachsenden Jungen, der ihn heiß liebte, zu einem großen

Helden. Jedesmal aber, wenn er wieder gehen mußte, packte Robert der Zorn. Er hatte das Gefühl, sein Vater gebe ihm nicht genügend Liebe, und entwickelte das obsessive Bedürfnis, andere Männer die Rolle spielen zu lassen, die ein wirklicher häuslicher Vater für ein kleines Kind übernommen hätte. Zum Beispiel setzte er seinen Lehrern zu, wenn es um die Lösung einer Aufgabe ging, die er alleine gut hätte lösen können.

Als er erwachsen war, wurde er ein erfolgreicher Geschäftsmann. Aber selbst dann kam sein »Traum-Vater« noch immer mit ins Spiel. Wenn er sein Produkt verkaufen wollte und ein potentieller Kunde ihm keinen Auftrag gab, stiegen Depressionen und Zorn in ihm auf. Anstatt die Situation als Teil seiner alltäglichen Arbeit hinzunehmen, hatte er den Eindruck, daß der Kunde ihn ganz besonders zurückgewiesen hätte.

Als er merkte, wie sehr ihn dieses Problem beeinflußte, kam er in die Kirchenklinik, um sich helfen zu lassen. Er lernte sein Problem langsam zu erkennen und reagierte vielversprechend auf sein neues Wissen über sich selbst. Bevor ihm aber die ganze Tragweite bewußt wurde, fiel er nochmals in eine tiefe Depression. Solange sie andauerte, schien es ihm, daß er, würde er diese Vater-Phantasie aufgeben, etwas verlöre, ohne das er nicht leben konnte.

Viele von uns haben diese kindlichen Phantasien auf die eine oder andere Weise, und der Kampf, den wir ausfechten, um uns ihrer zu entledigen, ist hart. Wir hängen an ihnen, als seien sie lebenswichtig für uns. Wir könnten dies mit dem kleinen Jungen vergleichen, der die Hosentaschen voller Krimskrams hat – ein altes Messer, eine kaputte Pfeife, eine abgestoßene Murmel und ein Stück Schnur. Würde ihm nun jemand sagen: »Gib mir diesen Kram aus deinen Hosentaschen; dafür bekommst du von mir ein neues Messer, eine neue Murmel, eine neue Pfeife und eine ganze Rolle Schnur«, dann wäre er mißtrauisch. So geht es uns allen, wenn unsere kindlichen Vorstellungen bedroht werden.

Wenn wir aber irgendeine Form des Glücks erreichen wollen, so müssen wir dem Beispiel des Apostels Paulus folgen, der den

Erwachsenen ermahnt, kindische Dinge abzulegen. Damit meint er nicht, daß wir nicht mehr positiv in die Welt blicken oder unseren kindlichen Glauben verlieren sollten, sondern nur, daß wir, um erwachsen zu werden, über bestimmte kindliche Verhaltensweisen hinauswachsen müßten. Während ein Kind heranwächst, ändert es von Zeit zu Zeit seine Meinung über Leute, damit seine Einstellung wieder mit den Tatsachen des Lebens übereinstimmt. Der Erwachsene, der sich unwissentlich an kindliche Vorstellungen geklammert hat, muß das auch ändern.

Von der Enttäuschung und dem Kummer eines Kindes, weil es sich in einem seiner Vorbilder geirrt hat, zur Desillusion und Melancholie eines Erwachsenen, der sich bei einer solchen Enttäuschung in Trauer, Bitterkeit und sogar Zynismus fallen läßt, ist es nur ein Schritt. Wenn ein Traum zerstört wird, muß etwas anderes seinen Platz einnehmen, sonst leiden wir. Es gibt jedoch immer etwas Konstruktives, womit wir ihn ersetzen können. Schwierig ist nur, es zu finden. Viele Menschen denken, daß sie sich ihr Leben schwermachen müssen. Für sie gehört das Leiden zum religiösen Glauben. Eine Person mit normalen Zielen und Idealen wird auch ohne zusätzliches unbewußtes Schuldgefühl unter genügend Druck und Versagen zu leiden haben. Es gibt immer eine Möglichkeit, Schmerz zu erleiden; aber uns wurde das Leben nicht nur gegeben, um zu leiden, sondern um so viel wie möglich zu geben und zu lieben.

Norman Vincent Peale:
Das Wunder unserer unsterblichen Seele

Kummer und Trauer über das Hinscheiden geliebter Menschen vergehen, wenn wir uns vorstellen, daß unsere Lieben nun ein neuartiges Glücksgefühl erleben. Diese Feststellung überrascht Sie vielleicht; aber ich glaube, sie entspricht den Tatsachen. Es ist normal, daß wir den Kontakt mit unseren Toten eine Zeitlang aufrechterhalten wollen; es hat jedoch keinen Sinn, unnatürlich lange weiterzutrauern, wenn wir daran denken, wie gut es den Verschiedenen jetzt geht. Dr. Blanton hat es bereits angesprochen: Haben wir über längere Zeit hinweg Kummer, dann stimmt etwas mit unserem Unterbewußtsein nicht, oder aber wir denken nicht an unsere Verschiedenen, sondern nur an uns selbst. Die Trauer kann viel leichter für uns gemacht werden, wenn wir an die glückliche Lage denken, in der sich unsere Verstorbenen befinden. So wird der Glauben zu einer Antwort auf das Problem des Trauerns.

Was passiert mit unseren Toten? Darauf soll uns ein Bibelzitat aus dem Buch der Offenbarung antworten: »Und der auf dem Throne sitzt, wird Sein Zelt über sie ausbreiten. Sie wird nicht mehr hungern noch dürsten; es wird auch nicht auf sie fallen die Sonne oder irgend eine Hitze; denn das Lamm mitten auf dem Thron wird sie weiden und leiten zu den lebendigen Wasserbrunnen, und Gott wird abwischen alle Tränen von ihren Augen.«

Diese Passage ist sicher eine der schönsten, die man in der Literatur finden kann. Noch wichtiger ist jedoch, daß sie uns Einblick in eine großartige Wahrheit des menschlichen Lebens vermittelt: die Glückseligkeit der Toten und ihren ewigen Frieden. Wir wissen sicherlich recht wenig darüber, wo unsere Toten sind und wie es ihnen geht. Shakespeare hat es »das unentdeckte Land, aus dem kein Reisender zurückkommt«, genannt.

Das Wissen, daß unsere geliebten Toten an einem sicheren Ort glücklich und voller Frieden leben, bedeutet uns sehr viel. Uns wird mitgeteilt, daß ihre Grundbedürfnisse gestillt werden: »Sie wird nicht mehr hungern noch dürsten.«

Wir haben sie in ihrem irdischen Leben gekannt und kannten ihre Bedürfnisse, die nie ganz gestillt waren.

Was bedeutet also dieser Hunger? Eine innere, unermeßliche Unruhe. Im Grunde sind wir keine Weltbürger, sondern eher, wie Dostojewski sagte, »Bürger der Ewigkeit«.

Dieser Hunger nach mehr, den wir alle irgendwann verspüren, verleiht uns eine gewisse Ruhelosigkeit. Die können wir aber dadurch lindern, daß wir Gott, und damit der Ewigkeit, näherkommen.

Haben unsere Toten manchmal den Wunsch nach etwas geäußert, was sie auf dieser Erde nicht erlangen konnten, so sagt uns die Bibel, daß jetzt alle ihre Wünsche erfüllt sind. Sie sind nun »zu Hause«. Die Bibel sagt uns auch, daß Gott sie beschützt. »Und der auf dem Thron sitzt, wird Sein Zelt über ihnen ausbreiten«. Das läßt uns an eine Mutter denken, die ihr schlafendes Kind liebevoll zudeckt. Wenn in einer nicht perfekten Frau so viel Liebe zu finden ist, wie groß muß dann wohl erst die Liebe des perfekten Gottes sein?

Weiter heißt es, daß Gott ihnen Leben gibt, ein strahlendes, wunderschönes Leben, wie sie es auf Erden nie gekannt haben. Gott gibt ihnen Nahrung, leitet sie zu »den lebendigen Wasserbrunnen« und »wird abwischen alle Tränen von ihren Augen«. Unsere Lieben betreten durch den Tod ein fremdes Land, wo Gott, eine großartige, liebevolle Persönlichkeit, sie willkommen heißt. Er stillt ihren Hunger, den großen Hunger ihrer Seele. Er führt sie zu Brunnen, deren klares Wasser im Sonnenlicht funkelt, wo sie ihren Durst stillen können. Und wie eine Mutter, die ihr Kind tröstet, lächelt Gott unsere Lieben an und wischt ihre Tränen weg, damit sie die Leiden aus dieser Welt vergessen können.

Man hat sich den Tod oft als einen schwarzen Engel vorgestellt, eine unheimliche Gestalt. Ich frage mich, ob der bildliche Ausdruck, daß man »nach Hause« geht, zu einem Vater oder einer Mutter, nicht viel zutreffender ist. Ihre im Tod geschlossenen Augen öffnen sich im strahlenden Licht ihres ewigen Zuhauses wieder.

Deshalb sage ich Ihnen, den Trauernden: Wenn wir der Schrift Glauben schenken dürfen – und ich weiß, daß es so ist –, können wir sicher sein, daß unsere lieben Verstorbenen glücklich und in Frieden bei ihrem Vater leben.

Es gibt dann aber noch eine andere Quelle für Kummer, die wir berücksichtigen müssen. Normalerweise sollte man nicht annehmen, daß sie uns die Farbigkeit und Freude des Lebens nehmen könnte. Dr. Blanton hat jedoch völlig recht mit seiner Behauptung, daß durch den Verlust von Idealen oder von Glauben oft tiefer Gram entstehen kann. Bezeichnet man ein Leben als »gottlos«, so meint man eigentlich ein schales Leben damit; es ist ein kümmerliches Leben.

Manche Leute suchen nach mehr und wissen nicht, wie sie es finden können. Sie versuchen es mit zwielichtiger Moral oder Verschwendungssucht. Das führt geradewegs in die Enttäuschung.

Nur Jesus Christus kann uns da helfen: »Das Reich Gottes ist in euch«, sagt er mit seinem ungeheuren Verständnis. Was meint er damit? Einfach, daß Gott in jedem von uns ist. Selbst wenn wir Ihn nicht haben wollen, ist Er doch in uns, weil Er uns nie zurückweist. Aber, wenn wir Ihm unser seelisches Leben nicht überlassen wollen, kann selbst Er wenig für uns tun. So schwach wir auch sind, wir können Gott immer in uns unwirksam machen. Sobald wir uns aber Gott zuwenden und ehrlich sagen: »Übernimm Du die Kontrolle über mich«, bemerken wir sofort Seine Gegenwart in uns, und unser Leben wird strahlender. Das Geheimnis unseres Glücks liegt darin, daß wir unsre spirituelle Kraft in uns selbst zulassen. Sagen Sie einfach vollen Herzens: »Gott, Du bist in mir – übe Deine Herrschaft auf mich aus«, dann bekommt Ihr Leben neuen Schwung.

Ich möchte daran erinnern, daß das Wort »Evangelium« »Frohe Botschaft« bedeutet. Die frohe Botschaft ist, daß Sie das, was Sie sich am meisten wünschen, auch haben können: seelischen Frieden und inneres Glück. Der Empfänger dieser Frohen Botschaft ist der wirklich glückliche Mensch. Die wahre Erfahrung des Christentums bewirkt in uns, daß Barrieren, die uns den Zugang zur Lebensfreude versperrt hatten, wegfallen. Wir kennen wohl den Ernst und die Härte des Lebens, aber mag da kommen, was wolle, wir haben etwas, wodurch wir uns weiterhin am Leben begeistern können. Das Leben ist immer wieder neu für uns und wird nie langweilig.

Warum können wir durch das Praktizieren der Religion Kummer überwinden und das Leben wieder zu genießen lernen?

Wir müssen uns daran erinnern, daß Gott allgegenwärtig ist, daß er für uns sorgt, uns leitet und über uns wacht. Auf dieses großartige Wissen können wir unser ganzes Leben aufbauen. Das Gefühl, daß Gott bei uns ist, schenkt uns Ruhe; es ist unser Anker und verleiht uns große persönliche Kraft. Dann können wir, auch wenn die Dinge hart auf hart kommen, in unserem Inneren dennoch Glück verspüren, weil Er uns Seine Sicherheit verleiht.

Noch etwas anderes macht aus dem Christentum die richtige Technik, um das Leben freudig anzugehen. Es lehrt uns, daß wir moralisch integer leben sollen. Wenn man ein lockeres Leben führt, bricht man dann nur mit ein paar theologischen Lehren? Nein! Das wirkliche Problem liegt darin, daß es dem Leben all seinen Schwung nimmt. Wenn man falsch lebt, verblaßt das frische Vergnügen, das man am Leben haben kann. Zunächst sieht es so aus, als käme neue Würze hinzu, aber bald schon wird es bitter und hinterläßt einen schlechten Geschmack.

Die wirkliche Freude am Leben finden wir in uns selbst – nicht außerhalb!

Der Glauben ist auch die Antwort auf eine andere Art von Problemen, die durch fehlende Ideale entstehen kann. Er zeigt uns, daß es, wenn uns öfters etwas schiefgeht, nicht an äußeren Umständen, sondern oft eher an uns selbst liegt. Der Glauben verleiht uns einen scharfsinnigen Einblick und die Fähigkeit, uns selbst ehrlich zu analysieren.

Vor einiger Zeit kam ein achtundzwanzigjähriger Mann in die Kirchenklinik, der uns erzählte: »Alles scheint bei mir schiefzugehen.« Er hatte eine einnehmende Persönlichkeit und war körperlich in guter Verfassung. Er wirkte sympathisch, sein Leben aber bestand aus einem großen Durcheinander. Er kam aus einer guten Familie, hatte jeden Vorteil genossen, aber alles, was er anfaßte, schien schiefzugehen. Er meinte, es gäbe viele Leute, die für seine Schwierigkeiten verantwortlich wären. Die einzige Person, der er nichts ankreidete, war er selbst. Später tat er es dann doch, und ab diesem Punkt fingen seine Probleme an zu schrumpfen.

Als ich nach seinem religiösen Hintergrund fragte, sagte er, er sei zwar religiös erzogen worden, aber das Thema habe keinerlei Bedeutung für ihn. Ich wies ihn darauf hin, daß es zwei Arten von Christentum gebe. Die eine sei »das förmliche Christentum«, was vielleicht mit der Kirchenarbeit zu tun habe, wobei man hervorragende Leute finden könne – ehrenhaft, moralisch gut, aufrechte Bürger – nette Menschen.

Dann, sagte ich ihm, gebe es noch eine zweite Art des Christentums, die wir »das mächtige Christentum« nennen. Mit dieser Art könnten wir spirituelle Macht in unserem Allerinnersten erfahren, so, als knipse man ein Licht in einem dunklen Raum an. Dabei würde ein Kontakt mit der enormen Kraft, die wir Gott nennen, hergestellt, der spirituelle Energie in unser Leben fließen ließe. Bei der ersten Art, *versuchen* wir, gut zu leben; bei der zweiten Art will man so sehr gut leben, daß man gut *ist,* wobei uns eine innere Macht hilft. Es ist, als baue man, anstatt selber zu rudern, einen kraftvollen Motor in sein Leben ein.

Der junge Mann begann sich dafür zu interessieren und fragte: »Diese Art von Religion hätte ich gerne. Wie komme ich denn dazu?« Ich erklärte ihm den Weg, wie er sein Leben Christus geben könnte.

Er tat es – und alles änderte sich für ihn. Er wurde ein neuer Mensch, der den Mut hatte, sein neues Leben zu führen.

Natürlich gibt es viele Menschen, deren Problem nicht moralischer oder ethnischer Natur ist. Woran liegt es dann bei ihnen? Oft denken sie einfach zuviel an ihre Probleme und zu wenig an Gott. Deswegen sieht es dann so aus, als ginge alles schief. Wenn Sie anfangen, an Gott zu denken und sich selbst versichern, daß er in Ihrem Leben ist, daß Er Ihnen Kraft geben kann, dann *haben* Sie die Kraft für alle Lebensumstände.

VII

Trost für die Einsamen

Smiley Blanton:
Selbstliebe und Selbstbewußtsein

Im Kleinkindstadium ist der Mensch ganz und gar auf sich selbst zentriert. Wird das Kind größer, ändert sich dies. Es kann empfangene Liebe erwidern. Etwas von diesem anfänglichen Egoismus muß sich der Mensch jedoch erhalten, wenn er wirklich glücklich sein will. Selbstverachtung ist krankhaft. Sie hindert uns nicht nur daran, Liebe zu empfangen, sondern auch daran, sie anderen zu geben.

Eine krankhafte Reaktion könnte ihre Ursache in folgenden Fehlern der Eltern während der Lernphase des Kindes haben. Manchmal erwidert einer der Eltern die Liebe des Kindes nur auf ungenügende Weise, oder aber er überschüttet das Kind mit so viel Liebe, daß es Angst hat, vollkommen dominiert zu werden. Es kann auch sein, daß man einen zu hohen Preis für seine Liebe von dem Kind erwartet, zuviel Gehorsam, zuviel Passivität. In jedem Fall nimmt das Kind Zuflucht zu sich selbst.

Trifft einer oder mehrere der oben erwähnten Fälle auf das Kind zu, kann es Angst davor bekommen, jemanden zu lieben. Eine solche Zurückgezogenheit bringt dann Mißtrauen und feindliche Gefühle hervor, die sich später gegen seine gesamte Umgebung richten können. Jemand, dem es so ergeht, hat wahrscheinlich keine Freunde und ist allein. Dabei ist es so einfach, vom Leben auch zu erwarten, daß es Freundschaft und Vergnügen mit sich bringen muß. Einsamkeit, die aus der Unfähigkeit, Freundschaften zu schließen, herrührt, muß genauer untersucht werden.

Mrs. Ruth K. kam zur Kirchenklinik, um mit dem Priester über ihre Unfähigkeit zu sprechen, in der Religion Erfüllung zu finden. Sie hatte den Eindruck, daß sie wohl irgendeine Sünde begangen haben mußte, die sie nun davon abhielt, den Frieden zu finden, der einem religiösen Leben normalerweise entspringt.

Dem behandelnden Psychologen erzählte sie folgendes: Sie hatte ihre Kindheit in einer kleinen Stadt in der Nähe von New York verbracht, aber kein glückliches Zuhause gehabt. Ihre früheste Erinnerung sind die Streitereien ihrer Eltern. Ihr Vater war egoistisch und selbstsüchtig, und ihre Mutter nörgelte ständig. Keiner von beiden wollte jemals nachgeben. Als Ruth acht Jahre alt war, ließen sie sich schließlich scheiden. Ihre Mutter und sie lebten dann mit deren Schwester zusammen, während ihr Bruder beim Vater blieb. Sie sah ihren Vater selten; und nachdem sie fünfzehn geworden war, nie mehr. Sie wußte nicht einmal, ob er noch lebte. Immer mehr zog sie sich in sich selbst zurück und wurde sehr schweigsam. In der Schule hatte sie gute Noten, aber wenige Freunde. Nach dem Schulabschluß fand sie in der Stadt, wo sie mit ihrer Mutter und Tante lebte, eine gute Arbeitsstelle.

Mit dreiunddreißig heiratete sie einen netten, aber schwachen Mann. Jedoch – »der Apfel fällt nicht weit vom Stamm« – kritisierte sie ständig an ihrem Mann herum, er gäbe zu viel Geld aus, sei unvorsichtig, zeige bei seiner Arbeit zu wenig Initiative, bis er sie schließlich verließ, alles aufgab und fortzog. Sie hatte keine Ruhe mehr, konnte nach dieser Erfahrung nicht mehr in derselben Stadt bleiben und zog nach New York, wo sie wiederum eine Stelle fand. Als sie zur Kirchenklinik kam, lebte sie bereits seit zehn Jahren in New York.

Seither hatte sie noch keine einzige Freundschaft geschlossen. Nach der Arbeit kam sie nach Hause, kochte sich etwas, hörte ein bißchen Radio und ging schlafen. Jedoch bestand sie darauf, daß sie nur deshalb so allein sei, weil es sehr schwierig sei, in New York Freunde zu finden. Zugegeben, für einen neu Zugezogenen ist es schwierig, in einer großen Stadt Freunde zu finden; aber es ist genauso offensichtlich, daß es im Falle einer attraktiven jungen Frau, wie Ruth, daran allein nicht liegen konnte.

Durch vorsichtiges Nachfragen kam dann folgendes zutage:

Neu in New York, hatte sie mit einer Bekannten vom College zusammengewohnt, einer netten jungen Frau. Aber Ruth K. beteiligte sich nicht in gleichem Maße an der Hausarbeit und noch nicht einmal an den Kosten. Außerdem nörgelte sie andauernd an ihrer Freundin und deren Bekannten herum. Nach einem halben Jahr kündigte ihr die Mitbewohnerin, und Ruth K. zog in eine Frauenpension. Ihrer Meinung nach waren Männer dumm und hatten kindische Interessen. Später stellte sich dann aber heraus, daß es an ihrem Arbeitsplatz doch einige interessante Männer gab, ebenso gleichaltrige Paare.

Ihre negative Einstellung der Welt gegenüber und ihre daraus resultierende Einsamkeit, sogar der Mißerfolg ihrer Ehe, alles entsprang ihren Kindheitserlebnissen. Als sie dies zu begreifen begann, änderte sich ihre Einstellung. Langsam entschloß sie sich zu geselligen Veranstaltungen und später sogar einer Theatergruppe. Durch ihre neuen Interessen gewann sie neue Bekanntschaften und schloß später sogar Freundschaften. Wenn eine narzißtische Person durch irgendwelche Umstände gezwungen wird, Liebe in sich selbst zu verschließen, steht sie der Welt später verbittert und verärgert gegenüber.

Der Vater von Miss Eleanor Z. war erfolgreicher Arzt, erschien jedoch allen schüchtern und gleichgültig. Sogar seinem einzigen Kind gegenüber verhielt er sich reserviert. Eleanors Mutter war bei ihrer Geburt gestorben, und der Vater hatte nicht wieder geheiratet. Er benahm sich ihr gegenüber wie ein höflicher Freund. Sie war sich seiner Liebe nicht sicher und fühlte, daß er auch gar keine gefühlsmäßige Verbindung herstellen wollte. So wuchs sie zu einem unglücklichen, hübschen Mädchen heran.

Nach dem Schulabschluß spezialisierte sie sich in der Chemiebranche und wurde langsam zu einer hervorragenden Forscherin, die immer neue Auszeichnungen gewann. Aber sie konzentrierte sich immer mehr auf sich selbst, zog sich von den Kollegen zurück und fühlte sich mit der Zeit ausgelaugt und müde. Dann bekam sie ein Magengeschwür, und später litt sie unter Schlaflosigkeit. Ihre Arbeit vernachlässigte sie deswegen nicht, aber nach außen hin wurde sie zu einer verbitterten, griesgrämigen Person. Ihre Assistenten hatten Angst vor ihr, und selbst diejenigen, die sie sehr gut kannten, sagten, ihr würden menschliche Gefühle fehlen.

Eines Tages wurde sie von ihrer Nachbarin gefragt, ob es sie nicht vielleicht interessiere, an einer Reihe von Konferenzen über mentale Hygiene und Religion teilzunehmen. Da sie nichts Besseres zu tun hatte, ging sie zur Einführungsveranstaltung hin. Zu ihrer Überraschung war das Thema jedoch so interessant, daß sie auch die restlichen Veranstaltungen besuchte. Das brachte sie auf den Gedanken, bei der Kirchenklinik hereinzuschauen.

Bereits nach einigen Unterhaltungen stellte sich heraus, daß ihre Verbitterung und ihre unbewußte Ich-Bezogenheit rein oberflächlich waren. In Wirklichkeit hatte sie ein starkes Bedürfnis nach normalen menschlichen Beziehungen. Es fand dann eine bemerkenswerte Verwandlung statt. Sie begann wieder, zur Kirche zu gehen, nahm an einigen praktischen kirchlichen Organisationen teil; ihre Persönlichkeit veränderte sich, sie wurde gesund – und fand Freunde. Unbewußt hatte sie wohl schon darauf hingearbeitet, sonst hätte ihre Behandlung nicht nach so kurzer Zeit solch erstaunliche Ergebnisse gezeigt. Es kommt darauf an, sich selbst zu verstehen; dann können sogar narzißtische und aggressive Menschen Heilung erfahren.

Aber nicht jeder spricht auf Vorschläge oder gute Ratschläge an. Einige lehnen rigoros alles ab.

John G. kam zur Kirchenklinik, nachdem er den Pfarrer in einer seiner Radiosendungen gehört hatte. Er fühlte sich allein, unglücklich und mißverstanden. Seine kritische Einstellung nützte ihm zwar bei seiner Arbeit als Einkäufer für eine große Gesellschaft; aber in seinem Privatleben verhielt er sich genauso. Egal, was ihm vorgeschlagen wurde, er stritt immer herum und lehnte alles ab. Wenn ein Kollege ihn zum Mittagessen einladen wollte, schlug er die Einladung stets aus. Natürlich hatte er kaum Freunde, jedenfalls keine engen. Seine ablehnende Haltung hielt jedermann auf Distanz. Aber John G. dachte, die anderen seien schuld an seiner Situation, weil er davon ausging, daß sie ihn ausnutzen wollten oder etwas gegen ihn vorhatten. Ganz in seinem Inneren jedoch fühlte er, daß irgend etwas nicht in Ordnung war und daß er Hilfe brauchte. Er war in einem strengen Presbyterianer-Haushalt aufgewachsen. Seine Mutter, die ihn übermäßig liebte, erzog ihn christlich. Diese gegenseitige übergroße Liebe jedoch bedrohte langsam sein Gefühlsleben als Erwachsener. In seiner Bemühung, ihr zu entkommen, lehnte er auch jede andere Art von Zuneigung ab. Selbst der kleinste Versuch, ihm nahezukommen, wurde von ihm als Angriff interpretiert. Letztendlich sah er aber ein, daß seine negative Einstellung auf das zu starke Band zwischen seiner Mutter und ihm zurückzuführen war.

Einsame Menschen suchen ständig nach tieferer emotioneller Zufriedenheit. Manchmal klammern sie sich regelrecht an Zufallsbekanntschaften oder kämpfen mit einer Energie – die anderswo besser eingesetzt wäre – darum, aus unwichtigen Beziehungen etwas Bedeutendes zu machen. Nur ist es so, daß man im Leben zwar viele Bekanntschaften haben kann, aber nur sehr wenige tiefe Freundschaften möglich sind.

May M.s kindliche Liebe zur Mutter wurde von dieser freundlichen, aber narzißtischen Frau schwer enttäuscht. May versuchte als Kind, von der Mutter menschliche Wärme zu bekommen, gab es aber schließlich auf. Als sie dann größer wurde, wandte sie ihre Liebesbemühungen ihren Freunden zu. Mit dem Eifer eines Schulmädchens bedrängte sie alle neuen Bekanntschaften, und wenn diese dann reagierten, erzählte sie ihnen sofort die Geschichte ihrer Enttäuschung. Ständig erlegte sie ihren Freunden irgendwelche Verpflichtungen auf, die ihr diese stillschweigend verübelten. Da lehnten sie lieber eine ihrer Einladungen ab, anstatt sich ihr wieder dafür verpflichtet fühlen zu müssen.

Die Mutter von May M. hatte sie auf die Schule geschickt, für sie gekocht, gewaschen und mit ihr gespielt. Aber sie ließ sich von ihrer Tochter nicht helfen, sondern verlangte ihre Belohnung dann so, daß die Tochter völlig von ihr abhängig sein sollte. May mußte ihr alles erzählen und durfte allein keine Entscheidungen treffen. Ihre Mutter hielt ihr immer wieder vor, was sie alles für sie getan habe. Schließlich heiratete May, um alldem zu entkommen. Sie fühlte sich ihrer Mutter gegenüber so verbittert und hatte so viel Widerwillen gegen sie angesammelt, daß sie sie nicht einmal besuchte.

Seltsamerweise hat aber unser Unterbewußtsein das Bedürfnis, das Lebensmuster unserer Eltern in unserem Leben wiederholen zu wollen. So rutschte May in das Verhaltensmuster ihrer Mutter hinein und verjagte damit ihren Mann und ihre Freunde. Sie hatte alle möglichen Erklärungen dafür bereit, nur nicht die richtige. Schließlich aber wurde ihr Problem so drängend, daß es sie dazu zwang, in sich selbst zu blicken, um dann endlich den selbstgeschaffenen Knoten entwirren zu können.

Es gibt aber noch eine andere Art des Einsamen, derjenige, der schlecht in seine Umgebung paßt. Manchmal versucht ein überlegener Mensch, sich an ein ihm unterlegenes Milieu anzupassen. Oder er befindet sich in einer Gesellschaft, die nicht zu ihm paßt, und versucht, das Beste daraus zu machen. Solch ein Mensch ist normalerweise seiner selbst nicht sicher; er denkt, alles läge an ihm und nicht an seiner Umgebung, und möchte sich selbst verändern.

Emily B. war eine hervorragende Persönlichkeit. Ihr Vater hatte zwar das Geschäft von ihrem Großvater übernommen, sein wirkliches Interesse jedoch lag in der Archäologie. Deshalb verbrachte er auch seine Freizeit mit Büchern über das Thema oder zog selbst los, um archäologische Funde aufzustöbern. In seinem Umkreis war er zu einem Experten über indianische Kultur geworden.

Emily's Bruder fühlte sich in dem Eisenwarengeschäft des Vaters wohl, aber ihre eigenen Interessen gingen eher in die Richtung der Bücher, ihrem Vater nach. Sie lebten in einer Vorstadtgemeinde, wo die meisten jungen Leute sich einfach nur vergnügen wollten. Sie hatte sehr wenige Freunde; die meisten Männer dachten von ihr, sie sei eine Intellektuelle. Spazieren- und Tanzengehen machten ihr Spaß; was sie sich jedoch am meisten wünschte, waren Freunde, mit denen sie sich über

Dinge unterhalten konnte, die sie interessierten. Immer mußte sie die Themen, die sie beschäftigten, beiseite lassen. Es war einfach niemand da, den so etwas interessiert hätte. Sie hatte schon Angst, daß sie vielleicht verrückt sei und es durch ihr Alleinsein noch schlimmer werden könnte. Sie brauchte eine ganze Zeit, um sich bewußt zu werden, daß sie absolut normal, nur nicht am richtigen Platz war. Als sie sich schließlich außerhalb ihrer Gemeinde umschaute, fand sie auch Menschen, die ähnliche Interessen hatten; und ihr Problem war gelöst.

Norman Vincent Peale:
Das Spiel des Lebens

Der Klassiker *Robinson Crusoe* von Daniel Defoe ist deshalb so gelungen, weil die Geschichte auf menschlicher Erfahrung beruht. Dieser Roman ist ein ideales Beispiel für jemanden, der die Einsamkeit erlebt hat; und der Höhepunkt des Werkes findet in dem Moment statt, als die Einsamkeit endlich ihre Heilung findet. Jeden Tag geht Crusoe zu seinem Ausguck, um über das Meer zu blicken und den Horizont nach weißen Segeln abzusuchen.

Braungebrannt, langhaarig und ungekämmt mit zerfetzter Kleidung steht er da, das Strandgras wogt ihm um die Füße; so ganz allein gibt er wirklich eine tragische Figur ab. Er sehnt sich nach einer menschlichen Berührung, einer menschlichen Stimme, möchte ein strahlendes menschliches Gesicht sehen. Nachdem sein Ausschauhalten wieder vergeblich war, will er gerade gehen, als er überrascht innehält; denn er hat vor sich im Sand einen eindeutig menschlichen Fußabdruck entdeckt, der nicht von ihm stammt.

Es geht dabei sicher weniger dramatisch zu, aber ähnlichen Gefühlen ist wohl jeder von uns im Laufe der Jahre einmal ausgesetzt, wenn wir uns, wie Crusoe, plötzlich seelisch auf einer einsamen Insel befinden. Wer einmal über menschliche Erfahrungen nachgedacht hat, weiß, daß diese grundlegende Einsamkeit existiert. Der Mensch kommt aus dem großen Schweigen mit seiner Geburt allein in diese Welt. Hier verbinden ihn dann starke Bande der Liebe und Freundschaft mit anderen. Aber tief in ihm bleibt dieses mystische Heimweh, als ob er nicht wirklich hierher gehöre. Literatur, Kunst und Musik sind die Ausdrucksmittel des Menschen für seine allumfassende Einsamkeit.

Bildhauer, Maler und Schriftsteller haben uns den Gedanken zu verdeutlichen versucht, daß wir keine Einzelwesen sind, losgelöst von allem, sondern Elemente eines immerwährenden Stromes der Ewigkeit. Jedes einzelne Bewußtsein könnte eine Hirnzelle eines universellen Geistes sein. Tatsächlich leben wir nicht als verschiedene Einzelwesen und mit einer zeitlichen Begrenzung, sondern wir halten uns auf dieser Erde mit unserem sogenannten menschlichen Leben auf, übernehmen dann aber nach unserem »Tod« eine andere Funktion in dem endlosen Prozeß des kosmischen Geistes, der sich aus jedem von uns zusammensetzt. Das ist ein wunderschöner Gedanke, der die Einsamkeit erläutert, welche dieser Denker von Zeit zu Zeit verspüren mag, da er sich nicht richtig der Erde zugehörig, sondern zu einer mystischen Heimat hingezogen fühlt.

Dr. Blanton hat seine Erfahrungen mit verschiedenen Personen vorgestellt, um daran zu erklären, wie Alleinsein das Glück der Menschen beeinträchtigen kann. Ich möchte nun zeigen, wie man mit Hilfe der Religion dieser allumfassenden Einsamkeit beikommen kann, aber auch, wie das Gefühl des Alleinseins, das durch verschiedene Lebenserfahrungen auftreten mag, geheilt werden kann.

Meine Erfahrung als Seelsorger hat mich gelehrt, daß ein wirklicher Christ nie ein Opfer der Einsamkeit wird. Mit *wirklicher* Christ meine ich natürlich wieder nur denjenigen, der ehrlich im Geiste Christi zu leben versucht und der auf seinen einfachen Glauben baut. Dieser Christ hat allen Menschen gegenüber eine positive, freundliche Grundeinstellung. Seine Beziehungen zu anderen sind gut, da sein großzügiges Wesen ihn über den alltäglichen Reibereien stehen läßt. Er wird auch mit Schüchternheit und Übersensibilität fertig, weil er gelernt hat, die Egozentrik, der sie entspringen, zu überwinden. Der Christ in ihm läßt ihn so großartig sein, daß seine Freundschaften sich nicht auflösen und ihn somit allein zurück lassen würden.

Außerdem habe ich gemerkt, daß der wirkliche Christ – wenn die Umstände ihn auch manchmal zwingen, allein zu sein – nie einsam ist, weil er so viel Reichtum in sich trägt, daß er sich selbst immer ein guter Begleiter ist. So wie jemand Patiencen legt, um sich einsame Stunden vergnüglich zu vertreiben, so kann ein Mensch, der gute Gedanken im Kopf hat, das Spiel des Lebens ebenfalls allein spielen, weil er auch für sich selbst interessant ist. Viele Menschen sind einsam, weil sie in einem leeren Haus wohnen, einen spärlich ausgestatteten Geist haben.

Die Waffe des Christen gegen Einsamkeit ist sein Glaube. Damit kann er auf jegliche Weise gegen sie ankämpfen. Zum einen bringt ihn sein Glauben zur Kirche, der größten Gemeinschaft, in der sich Menschen treffen. Wenn die Gemeinde sich zum Gottesdienst versammelt, dann unterscheidet sie sich von jeder anderen Gemeinschaft. Sie verbindet die Menschen in ihrer gemeinsamen Suche nach Gott.

Wenn jemand in eine solche Kirchengemeinde kommt, braucht er sich nur umzusehen, um zu wissen, daß alle um ihn herum mit ähnlichen Problemen gekommen sind. Dieses gemeinsame Empfinden, der Respekt gegenüber den ernsten Dingen des Lebens, verleiht den Menschen Zusammengehörigkeitsgefühl und schafft ein Band zwischen Menschen, die dieselben Bedürfnisse fühlen.

Vor ein paar Jahren traf ich in meiner Gemeinde einen wunderbaren alten Mann. Er schien Gott persönlich zu kennen, und unsere Rollen waren wie ausgetauscht. Ich, der Pastor, ging oft zu ihm, um mir Inspiration und Mut durch ein Gespräch mit ihm zu holen. Er gab mir gute Ratschläge und brachte mir Gott so nahe, daß ich danach wegging und noch mehr Lust verspürte, meine Probleme energisch anzupacken.

Ich erinnere mich noch gut an meinen letzten Besuch bei ihm. An einem Herbstabend fuhr ich über die Hügel in das Tal, wo er in einem alten Farmhaus lebte. Dort war er geboren worden, und dort würde er auch sterben. Ich klopfte an die Tür, und er öffnete, während er mit einer altmodischen Kerosin-Lampe in die Nacht leuchtete. Lächelnd bat er mich herein, drehte mit zittrigen Fingern das Licht heller, und dann redeten wir miteinander. Bevor es Zeit wurde zu gehen, holte er eine alte, abgenützte Bibel hervor und las mit sanfter Stimme daraus vor. Ich sah sein Gesicht an, während er betete. Die Jahre hatten es mit vielen Fältchen gezeichnet, aber dennoch war es wie das Gesicht eines Kindes, wenn es mit seinem Vater spricht.

Das hier war keiner, der nur wenig zu sagen gehabt hätte und nur ein kleines Gebet sprach; nein – dieser betagte Christ unterhielt sich mit seinem Gott, als sei es sein Hauptgesprächspartner auf dieser Erde. Der harte Fußboden, auf dem wir knieten, machte sich langsam für meine Knie bemerkbar, aber je »höher« wir im Gebet kletterten, desto weiter ließen wir unsere irdischen Sorgen hinter uns zurück und desto näher rückte uns Gott. Eine solche Verbindung läßt einen die Größe und die Spiritualität des Lebens erfahren.

Als ich durch die Hügel wieder nach Hause fuhr und zurück blickte, auf das kleine Farmhaus, durch dessen Fenster das Licht blinkte, fiel mir der Sinngehalt eines alten Kirchenliedes ein: Gesegnet sei das Band, das unsere Herzen in christlicher Liebe bindet. Die Verbundenheit verwandter Seelen ist wie eine Verbundenheit mit dem Himmel.

Die Kirche vermittelt durch ihre verschiedenen Organisationen auch den sozialen Kontakt unter den Menschen. Kirchengemeinden können, vor allem in Großstädten, viel Gutes tun, wenn sie die menschliche Seite und die Herzlichkeit betonen, um damit den Menschen wieder zu einer heilen Persönlichkeit zu verhelfen.

Der Glauben ist die Antwort auf das Problem der Einsamkeit. Als Seelsorger habe ich das zu oft bestätigt gesehen, um darüber noch Zweifel zu haben.

Jemand, der glaubt, ist überzeugt, daß die Seele unsterblich ist und daß Gott uns unendlich liebt. Er wendet sich selbst in Zeiten großer Trauer trostsuchend an Gott, und Gott enttäuscht ihn nicht. Wenn sein Glauben stark genug ist, wird er sich Seines

Mitgefühls und Schutzes so sehr bewußt, daß sein Gefühl der Verlassenheit schwindet und er sich statt dessen begleitet fühlt.

Stets habe ich über die Macht des Glaubens in Zeiten der Trauer gepredigt. Dann, eines Tages, starb meine Mutter, als sie noch relativ jung war. Es war der erste persönliche Verlust in meinem Leben.

Ich hatte sie am Vorabend noch besucht und fuhr weg, denn sie schien gesund zu werden.

Eine Viertelstunde nach meiner Ankunft in New York erfuhr ich am nächsten Morgen die schlimme Nachricht, daß sie soeben gestorben sei. In meinem Büro kämpfte ich dann mit meinem Schock und meiner Trauer. Und da passierte mir etwas ganz Außergewöhnliches. Meine Hände ruhten auf der Bibel, und ich starrte auf die Straße hinaus, als ich plötzlich zwei Hände sanft auf meinem Kopf zu spüren vermeinte, nur einen Augenblick lang, aber ganz klar. Es war, als wüßte meine Mutter um meinen Schmerz und wollte sich mir aus einer anderen Welt nähern, um mich zu trösten. Natürlich weiß ich, was man diesem für mich realen Phänomen alles entgegensetzen könnte. Auch mein Verstand kämpfte damit, aber letzten Endes war ich mir über das Gefühl, daß meine Mutter bei mir war, absolut sicher.

Das ist aber noch nicht alles. Als ich am nächsten Tag wieder in meinem Elternhaus angekommen war, erzählte ich meinem Vater von meinem Erlebnis, sehr zögernd, weil er nur an Tatsachen und an die Wissenschaft glaubte. Zu meiner Überraschung erwiderte er mir, daß ihm etwas Ähnliches passiert sei, zwei Stunden nach dem Tode meiner Mutter. Er war in den Garten gegangen, wo er sich tief traurig in das Gartenhaus setzte. Er fühlte, daß eine unwiderstehliche Macht sie ihm entrissen hatte, daß sie für immer gegangen war, legte den Kopf auf seine Arme und brach in Weinen aus. Plötzlich hatte er das Gefühl, daß meine Mutter neben ihm stünde. Dieses Gefühl war so wirklich, daß er aufblickte, als erwartete er, sie da zu sehen. Dann war ihm, als legte sie ihm leicht die Hand auf die Stirn, als spüre er ihren Arm im Nacken und als hörte er sie in vertrautem Ton seinen Namen aussprechen.

Ich habe keine ausreichende wissenschaftliche Ausbildung,

um solche Erlebnisse zu analysieren, und würde sie auch gar nicht wissenschaftlich untersuchen wollen. Hier habe ich sie nur erwähnt, weil zwei sehr verschiedenartig denkende Menschen dasselbe Phänomen aufgrund ihrer Not und ihres Glaubens gleich stark erlebt haben. Dieses Erlebnis brachte uns beiden großen Trost und linderte unser Gefühl, alleingelassen zu sein, weil es uns überzeugte, daß die Verstorbene nun großen Frieden und Glück empfand.

Viele Männer und Frauen sind auch deshalb einsam, weil sich ein Teil ihrer Persönlichkeit unbewußt dem Kontakt zu anderen versperrt. Auch hier bringt der Glauben Hilfe, weil er beiträgt, mentale Prozesse zu entwirren und Knoten zu lösen. Er hilft uns, uns selbst gegenüber ehrlich sein. Dies ist für eine psychische Heilung ebenso notwendig wie für eine physische. Wenn Sie zu einem Arzt gehen, dürfen Sie ihm keine für die Diagnose und Behandlung wichtigen Fakten verschweigen. Wenn wir es mit dem Verstand zu tun haben, müssen wir daran denken, daß er gerne rationalisiert und seine eigenen Fehler entschuldigt. Er erfindet lieber erklärende Gründe, warum wir so sind, wie wir sind, anstatt sich direkt und ehrlich mit unseren Fehlern zu befassen, sie zu untersuchen und eine Korrektur in Angriff zu nehmen. Der Glauben bringt das Licht der Einsicht in unser Problem. Damit werden wir fähig, Gottes heilende Kraft zu empfangen.

Einsamkeit lauert oft im Schatten des Unglücks. Durch seltsame Osmose in der Psyche sickern die Auswirkungen unglücklicher Umstände bis zum Innern eines Menschen durch. Oft – vor allem dann, wenn eine negative Veränderung im Leben des Menschen eintritt –, entwickelt sich aus diesen dunklen Schatten eine krankhafte Einsamkeit. Das beste Mittel dagegen besteht wiederum im Glauben, der Licht in diese Finsternis bringt. Die Autoindustrie hat den perfekten Nebelscheinwerfer zwar noch nicht entwickelt, die Religion dagegen verleiht demjenigen, der sich im Nebel von Schmerzen und Leiden verlaufen hat, ein solches Licht.

In einem alten russischen Sprichwort heißt es: »Der Hammer zerschmettert das Glas, aber schmiedet den Stahl.« Manche

Menschen sind wie Glas – der Hammer des Schicksals zerbricht sie. Andere aber sind wie Stahl – wenn der Hammer sie trifft, nehmen sie, anstatt zu brechen, neue, starke, schöne Formen an. Das Christentum bringt den Menschen die Eigenschaft, wie Stahl reagieren zu können, damit sie unter Schicksalsschlägen nicht zusammenbrechen.

VIII

Liebe und Ehe

Smiley Blanton:
Die Kunst, zu lieben

Eine der Schwierigkeiten bei Diskussionen über die Liebe ist, daß der Psychologe dem Wort eine viel weiter gegriffene Bedeutung beimißt. Lassen Sie mich also den Gebrauch dieses Wortes erklären. »Liebe« ist das Gefühl, das uns zu einer Person oder einem Objekt hinzieht, während »Haß« ein Gefühl ist, das uns davon wegstreben läßt. Es ist klar, daß das Wort »Liebe«, wird es in diesem Sinne verwendet, auch geringere Emotionen mit einschließt, wie »mögen« oder sogar »tolerieren«.

Die Psychologie meint, daß in einer umfassenden Analyse alle diese Gefühle der Liebe – zur Ehefrau, zu dem Ehemann, den Eltern, dem Kind, dem Bruder, zur Schwester, die Vaterlandsliebe, die Freiheitsliebe, sogar die Liebe, die man für Haustiere, Bücher und Essen hegt – zu einem großen Ganzen gehören.

Die Liebe, die den Vermehrungsinstinkt begleitet, ist sexualisiert. Der Rest – und das ist weit mehr – hat nichts mit erotischen Gefühlen zu tun. Zum Verständnis dieses Kapitels ist es nötig, daß Sie die psychologische Definition der Liebe als solche akzeptieren.

Jede Tätigkeit wird von einem angenehmen oder einem unangenehmen Gefühl begleitet. Das Kind macht einen Lernprozeß durch, in dem es unangenehme Situationen vermeiden möchte und angenehme sucht. Essen, von den Bezugspersonen gestreichelt werden, gebadet werden und vieles mehr löst bei ihm höchst angenehme Gefühle aus. Wird das Kind größer, konzentriert es normalerweise seine Liebe immer mehr auf Menschen und Dinge als auf Prozesse und Gefühle, die mit seinem eigenen Körper zu tun haben. Wenn aber bei seiner Erziehung etwas schief läuft, kann es passieren, daß es seiner Liebe Personen gegenüber nicht nachgibt und sich diese Liebe dann nach innen richtet, wiederum auf seine eigenen körperlichen Vorgänge, was mit einem starken erotischen Einschlag verbunden ist. Verspürt das Kind also weiterhin bei physischen Abläufen seines Körpers angenehme Gefühle, kann es ein unangemessenes Schuldgefühl entwickeln, was dazu führen mag, daß es sich später vor allen angenehmen Gefühlen fürchtet.

Daher resultiert eine irrtümliche Annahme, nämlich, daß es zwei Arten von Liebe gibt, die eine rein und die andere unrein; die eine heilig und die andere mit Schuld beladen. Die eine geistig und die andere körperlich. Natürlich ist der Vermehrungsinstinkt sehr stark und muß gelenkt und kontrolliert werden. Das sehen sowohl hochzivilisierte wie auch primitive Völker ein. Aber diese falsche Art, zwischen »reiner« und »sexueller« Liebe zu unterscheiden, kann zu Problemen in Beziehungen führen. Sie kann ein gesundes, befriedigendes Leben, sowohl physisch wie auch spirituell, verhindern, indem sie einen Keil zwischen beide Lebensbereiche treibt. Diese Art, die Liebe in »sauber« und »schmutzig« einzuteilen, ist einer der Hauptgründe, weshalb viele Beziehungen scheitern. Selbst wenn keine Trennung erfolgt, kann dies so viele Schwierigkeiten und Spannungen nach sich ziehen, die alle Beteiligten ernsthafte emotionale Schäden zufügt.

Wenn ein Erwachsener denkt, die physische Liebe sei etwas Schmutziges, dann liegt die Quelle dafür oft in seiner frühesten Jugend; es wurde ihm beigebracht, sich für seinen Körper zu schämen, er wurde geschimpft oder dafür bestraft, weil er beim Berühren seines Körpers Genuß verspürte. Dieses Gefühl der Unreinheit bezieht sich oft nicht nur auf die physische Seite der Liebe, sondern es können daraus so starke Schuld- und Schamgefühle entstehen, daß man sein ganzes Leben auf emotionaler Ebene eine falsche Einstellung mit sich herumträgt.

Vor einiger Zeit hatte ein achtzehnjähriger junger Mann als Fußballspieler seiner Universitätsmannschaft einen Unfall bei einem Spiel. Er lag hilflos am Boden, sagte, sein Rücken sei verletzt und er könne die Beine nicht bewegen. Sein Vater fuhr ihn schnell zu einer Klinik. Er wurde sorgfältig untersucht, aber die Ärzte konnten keine physische Verletzung feststellen, die die offensichtliche Lähmung seiner Beine ausgelöst haben könnte.

Der Junge war sehr erregt. Er war sicher, daß er sterben würde und verlangte nach einem Priester, um mit Gott Frieden zu schließen. Aus der Kirchenklinik eilte der Pastor zu ihm und stellte nach einem Gespräch mit dem Jungen fest, daß er unter großer Angst litt.

Schließlich gestand er dem Priester, daß er glaubte, sein Problem sei durch eine geheime Sünde ausgelöst worden – ständige Masturbation. Er sagte ihm, seitdem er zehn Jahre alt gewesen sei, habe er versucht, dem zu widerstehen. Als er mitten im Fußballspiel plötzlich den heftigen Schmerz in seinem Rücken gespürt hatte, glaubte er, daß nun der Moment gekommen sei, wo mit ihm über seine Sünden abgerechnet würde, daß er wohl »die unverzeihbare Sünde« begangen habe und jetzt sicher sterben müsse.

Der Priester erfuhr von den Ärzten, daß der Junge physisch nicht verletzt und sein Zustand auf eine sogenannte hysterische Lähmung zurückzuführen sei. Daraufhin versicherte er dem Jungen, daß sein Vorgehen keineswegs nicht unverzeihlich sei. Schließlich schlug er ihm vor, daß er den Psychiater der Kirchenklinik aufsuchen solle. Er akzeptierte dies. So befreiten der Priester und der Psychiater den Jungen in gemeinsamer Arbeit von seiner Furcht und heilten ihn von seiner hysterischen Lähmung.

Ein wichtiges Problem für junge Leute ist, die Kontrolle über ihren Sexualtrieb zu gewinnen, bis sie erwachsen genug sind, um verantwortlich damit umzugehen. Es geht hier tatsächlich um eine der schwierigsten Fragen unserer Zivilisation.

Der Sexualtrieb wirkt sich bei verschiedenen Menschen sehr unterschiedlich aus und kann daher nicht über einen Kamm geschoren werden. Bei manchen ist er sehr viel stärker ausgeprägt als bei anderen. Einige Leute können ihr Leben lang keusch und gesund leben, andere schließen sich einem religiösen Orden an, legen das Keuschheitsgelübde ab und führen ein wirkungsreiches, glückliches Leben.

Dann muß auch daran gedacht werden, daß in unserer heutigen Zeit junge Leute häufig erst mit Ende zwanzig oder noch später den Partner fürs Leben finden. Was kann man jungen Leuten raten, wenn sie vor der Frage stehen, ob und bis zu welchem Punkt sie diesen mächtigen Trieb jahrelang in Schach halten sollen? Der Psychologe hat hier nicht die Aufgabe, den Richter zu spielen.

Er kann ihnen nur raten, gewisse Umstände dabei zu berücksichtigen, zum Beispiel seinem innersten Gefühl zu folgen und sehr sorgsam bei der Wahl seines Partners zu sein, um sich vor Enttäuschungen zu schützen.

Eltern, Kirche und Schule können Wege dafür finden, um jungen Menschen zu helfen, diesen dominierenden Trieb in die richtigen Bahnen zu leiten.

Eine wirkliche Ehe sollte zwar auf einer gesunden sexuellen Beziehung fußen, aber dafür sind natürlich auch gewisse spirituelle und emotionale Werte nötig.

Die Liebe selbst ist in ihrem weiteren Sinne lebenswichtig. Sigmund Freud sagte einmal, wir müßten lieben, damit wir nicht krank würden und müßten krank werden, wenn wir aus Enttäuschung nicht lieben könnten.

Norman Vincent Peale:
Glauben und lieben

Viele Jahre lang bin ich als Pastor einer Kirchengemeinde der Fifth Avenue in New York meiner angenehmen Pflicht nachgekommen und habe in der Zeit einige tausend Paare getraut. Oft wurde ich in meiner Eigenschaft als Seelsorger von Ehepaaren aufgesucht, die mich wegen ihrer Probleme um Rat fragten.

Ich bin überzeugt davon, daß eine Ehe zwischen intelligenten und ehrlichen Menschen glücklich und erfolgreich werden kann. Wenn sie wirklich eine ehrenhafte und spirituelle Liebe füreinander hegen und den Wunsch, daß diese Verbindung glücklich wird, kann dies in Erfüllung gehen.

Beide Parteien müssen in ihrem Inneren die positive Einstellung ihrer Ehe gegenüber mitbringen. Sie müssen an den Erfolg denken, nicht an das Scheitern. Es ist ja bekannt, daß, denkt man intensiv und lange genug an den Erfolg, sich dieser auch einstellt. Der Kopf darf der Möglichkeit des Scheiterns erst gar keinen Platz einräumen.

In jeder Beziehung, die es in diesem Leben gibt, können Sie mit einer anderen Person zurechtkommen, wenn Sie es wirklich wollen und ernst meinen. Eines der schönsten geistigen Erlebnisse ist es, die geliebte Person genau kennenzulernen und seine eigene Persönlichkeit mit ihr zu verflechten, so daß eine wirkliche innere Verbindung zustande kommt.

Das ist die Art Ehe, von der man sagt, sie sei im Himmel geschlossen worden; und sicherlich kam der Anstoß dafür auch von dort. Die Arbeit des Aufbaus jedoch wird hier auf der Erde getan, von den Menschen, die dieses Paar formen und die willig und gläubig sind. Ich möchte nicht behaupten, daß eine glückliche und erfolgreiche Ehe einfach zu bewerkstelligen sei. Oft ist es sogar sehr schwer. Aber ich sage, es ist nicht unmöglich, wenn sich zwei intelligente und ehrliche Menschen zusammentun. Wenn komplizierte Probleme auftauchen, sollte, zusätzlich zu dem Glauben, auch das Wissen um Persönlichkeitsfragen eines Psychologen, der auch spirituelles Niveau aufweist, zu Rate gezogen werden. Auch ein Arzt mit spirituellem Hintergrund kann manchmal helfen. Diese beiden und der Priester arbeiten oft zusammen, um ein kompliziertes Eheproblem zu lösen.

Außer dem Willen und der Anstrengung der beiden Partner zu einer guten Ehe gibt es noch einen dritten Faktor, der auch unseren Eltern schon geholfen hat, fünfzig Jahre lang einander zu lieben. Das ist der Glaube. Wenn Gott nicht mithilft, das Haus zu bauen, dann versagen auch die Architekten.

Ich glaube, daß jedes Paar seine Ehe zu einem Erfolg machen

kann, wenn es zu einer spirituellen Einstellung gelangt. Diese Ehen brechen nicht auseinander. Sie wurden von der stärksten Macht auf dieser Welt zusammengeschweißt: von dem Glauben an Gott.

Viele Ehen, die auf der Kippe standen, konnten gerettet und geheilt werden, wenn beide oder auch nur einer von beiden willens war, seinen Glauben ins Spiel zu bringen.

Genau in dieser Situation befand sich eine junge Frau. Sie stand praktisch direkt vor der Scheidung, liebte aber ihren Mann immer noch und wollte die Ehe retten.

»Haben Sie als Priester einen Vorschlag für mich?« fragte sie.

Ich riet ihr, zusammen mit ihrem Mann zu beten, was erfahrungsgemäß auch schon vielen anderen Paaren geholfen hatte.

Sie äußerte sich enttäuscht. »Das geht nicht. Er würde sich über mich lustig machen.«

»Es wird funktionieren«, erwiderte ich. »Versprechen Sie mir, daß Sie heute nacht mit ihm beten.«

Sie gab mir kein Versprechen. Aber am nächsten Tag war sie wieder da. Sie hatte ihn gefragt, und er hatte eingewilligt. »Es ist so phantastisch, so unglaublich! Wir knieten nieder und redeten zu Gott wie zwei kleine Kinder, und dann schienen alle Probleme plötzlich wegzuschmelzen.«

»Bleiben Sie dabei«, drängte ich sie, »und Sie werden sich Ihr Glück erhalten.«

»Es ist wie ein Wunder«, sagte sie mir beim Abschied.

Das ist es – ein Wunder – was Gebete bewirken können. Die Religion erhob dieses Paar aus egoistischer Streiterei auf das hohe Niveau, wo die ehrliche Liebe, die sie noch fühlten, sich wieder entfalten konnte.

Glaube und Liebe machen ein glückliches Heim aus. Nur mit diesen beiden Faktoren erträgt man den Streß und den Druck des Lebens. Vor langer Zeit hat der Heilige Paulus die Liebe wunderbar charakterisiert, als er sagte: »Liebe erleidet vieles und ist voller Güte. Liebe wird nicht leicht entflammt. Liebe denket kein Übel. Liebe erträgt alles, glaubt alles, hofft alles, überdauert alles.«

IX

Glaube, der heilt

Smiley Blanton:
Psyche und Gesundheit

Der große Einfluß, den Emotionen auf Verstand und Körper ausüben, wurde jahrelang von den Ärzten nicht beachtet. Erst vor relativ kurzer Zeit hat man das Thema ernst genommen.

Daß man so lange darüber hinweggesehen hat, lag an der materialistischen Philosophie, die den Menschen im 18. und 19. Jahrhundert als eine Art chemische Maschine ansah. Sicher, man hat dank dieser materialistischen Wissenschaft die Kontrolle über Krankheiten wie Typhus, Pocken und Diphterie gewonnen; nur erlaubte sie dem Arzt nicht, das Geheimnis nervöser und psychischer Störungen zu lüften, wodurch oft die Funktionen verschiedener Organe schwer beeinflußt werden. Für die vielen Nervenzusammenbrüche und ähnliches, was die Krankenhäuser ebenfalls füllte, wurde überhaupt nichts getan. Aus diesem ungünstigen Blickwinkel der materialistischen Wissenschaft sah man den Körper und den Geist des Menschen als zwei voneinander getrennte Dinge an. Ein Arzt schrieb sogar einmal, wenn er seinen Patienten den Kopf abschneiden könnte, würden sie viel schneller gesund werden. Es fiel ihm gar nicht ein, daß es vielleicht besser wäre, direkt den Kopf zu behandeln. Wenn jemand krank ist, soll man ihm nicht nur den Kopf lassen, sondern sich vielleicht zuallererst um den Kopf kümmern.

Der moderne Arzt sieht den Verstand, die moralische Einstellung und das Gefühlsleben seines Patienten nicht vom Körper getrennt, sondern den ganzen Menschen als eine Einheit, eine physisch-mentale Einheit. Als dieses vernünftigere Konzept die

115

Oberhand zu gewinnen begann und die Ärzte ihre Patienten langsam als eine kompakte Einheit von Körper und Seele verstanden, hat die Heilkunst riesenhafte Fortschritte gemacht. Man lernte, daß Krankheit nicht nur durch chemische Anormalitäten des Körpers entsteht oder durch geschwächte Abwehrkräfte gegen Bakterien. Die Ärzte wurden sich bewußt, daß ebenso emotionale Unausgeglichenheit die Ursache sein kann, wodurch krankhafte Angst- und Haßgefühle aufkommen können und gleichzeitig auch eine Veränderung der inneren Chemie des Körpers stattfinden kann. Verdauungsprobleme, ein schlecht funktionierendes Herz, hoher Blutdruck, Asthma, Schmerzen oder chronische Müdigkeit, wie auch nervöse oder geistige Zusammenbrüche dürfen hauptsächlich auf emotionale und spirituelle Mißverhältnisse zurückgeführt werden – die Unfähigkeit, sich sicher zu fühlen, zu lieben, seinen Platz in der Welt zu finden oder zu glauben.

Hier wird uns klar, wie wichtig Mut und Glaube im Kampf um die Gesundheit sind. Oft genug wurde von den Ärzten festgestellt, daß von zwei Patienten mit den gleichen Überlebenschancen nur einer am Leben blieb, während der andere starb. Jeder Chirurg weiß, wieviel risikoreicher eine Operation an einem ängstlichen Patienten ist als eine, auf die sich der Patient vertrauensvoll und furchtlos einläßt. Es sieht so aus, als sei der entscheidende Faktor der Überlebenswille – der Wille zu leben, unterstützt von einem starken, oft sogar unbewußten Mut und Glauben.

Selbst wenn es um eine rein körperliche Krankheit geht, ist die seelische Reaktion des Patienten beinahe genauso wichtig für seine Heilung wie seine physische Reaktion. Somit sind scheinbar physische Probleme wie eine Lungenentzündung, Tuberkulose oder Herzkrankheiten oder sogar ein gebrochenes Bein, direkt auch mit einem emotionalen Problem verbunden. Die Art, wie die Person zu ihrer Krankheit steht, bestimmt in großem Maße, ob eine Heilung möglich ist. Entscheidend ist diese Einstellung, wenn es um langwierige Krankheiten geht, mit denen ein Mensch leben muß; hier bestimmt sie die Dauer und die Art der Heilung.

Bei Herzproblemen beispielsweise ist die Einstellung des Patienten zu seiner körperlichen Verfassung von besonderer Wichtigkeit.

Mr. R., einundsechzig Jahre alt und ein bekannter Geschäftsmann, hatte einen Herzanfall. In den meisten Fällen dieser Art kann der Patient, wenn er sein Leben den Umständen anpaßt, noch viele Jahre glücklich leben. Mr. R. aber drängte es nach dem Geschäftsleben, was ihm nicht erlaubte, an sich selbst oder an seine Familie zu denken. Er rechtfertigte sich selbst damit, daß er auf diese Weise im voraus für die Zukunft seiner Familie sorgte. Diese liebte und respektierte ihn, fühlte sich ihm aber nie wirklich nahe, weil sie gar keine Möglichkeit dazu hatten. Mit dem Alter wurde er immer reizbarer und der leichteste Widerstand ließ seinen Blutdruck steigen.

Keiner konnte ihn nach seinem Herzanfall überzeugen, etwas langsamer zu treten. Seine Reizbarkeit und Wutausbrüche kannten auch im Krankenhaus keine Grenzen, das er letztendlich schon vor seiner offiziellen Entlassung verließ. Zurück zur Arbeit, hatte er nach kurzer Zeit einen zweiten Anfall. Als er sich schließlich vom Arbeitsleben zurückzog und zu Hause war, verbrachte er seine Zeit damit, höchst aufmerksam seine Krankheitssymptome zu beobachten.

Man mußte Mitleid mit ihm haben; denn er ließ sich nicht helfen, weil er an keinen glaubte. Zehn Jahre lang lebte er noch, wenn man dies »leben« nennen kann.

Auf der anderen Seite haben wir Mr. S., einen fröhlichen, gutmütigen Mann. Er war dreiundsechzig Jahre alt, als ihn ein Herzschaden zum Halbinvaliden machte. Sein Arzt sprach vernünftig mit ihm und erklärte ihm, daß er der Welt noch lange nützlich sein könne, wenn er sein Leben vollständig umkrempeln würde. Anstatt darin einen Urteilsspruch zu sehen, nahm Mr. S. dies als eine Herausforderung an. Schließlich kam er zur Kirchenklinik und bat uns, ihm bei der Ausarbeitung eines Programms behilflich zu sein, mittels dessen er bei geringster körperlicher Anstrengung dennoch geistig aktiv und zufrieden leben könne.

Täglich widmete er einen kleinen Teil seiner Zeit geschäftlichen Angelegenheiten. Sein restliches Interesse konnte leicht auf einen Krankenhausausschuß gelenkt werden, in dem er schon immer mitgewirkt hatte und für den er jetzt mehr Zeit hatte. Seine Ratschläge wurden dort sehr willkommen geheißen, und er nützte die Stunden, die er im Bett verbringen mußte, mit der Ausarbeitung von Problemen, die ihm vorgelegt wurden.

Sein neuer Lebensrhythmus verschaffte ihm auch die Möglichkeit, mehr mit seiner Familie zusammen zu sein, und als er im Alter von vierundachtzig Jahren starb, hatte seine Familie den Eindruck, daß seine letzten zwanzig Jahre seine glücklichsten gewesen waren.

Genügsam oder wenigstens passives Akzeptieren gewisser Bedingungen, die durch Krankheiten entstehen, sind von so großer Wichtigkeit, daß der Patient ohne diese Einstellung wenige Überlebenschancen hat.

In einer Klinik im Süden haben wir Mr. T. getroffen. Er war wegen einer Lungentuberkulose eingeliefert worden. Nach ein paar Wochen sollte es ihm eigentlich bessergehen, aber das Gegenteil war der Fall. Wenn er sprach, dann tat er dies mit leiser, gedrückter Stimme, so daß es sehr schnell offenkundig wurde, daß er wenig Lust zu leben hatte. Als der Psychiater mit ihm sprach, kamen folgende Dinge ans Licht.

Er hatte eine gute Position inne gehabt, aber als seine Augen schlechter wurden, hatte er diesen Arbeitsplatz verloren. Seine Familie hatte alle Ersparnisse bereits aufgebraucht, und er befand sich in einer verzweifelten Lage. Dann vertraute er dem Psychologen an, daß er eine kleine Lebensversicherung abgeschlossen habe, womit seine Familie, wenn er sterben würde, wenigstens genug haben würde, um über den nächsten Winter zu kommen und dann ein neues Leben anzufangen.

Mr. T. hatte einen Onkel, mit dem er sich nie besonders gut verstanden hatte und an den er sich deshalb nicht wenden wollte. Als der Pfarrer der Kirchengemeinde des Onkels davon erfuhr, setzte er sich in Bewegung. Dabei kam heraus, daß das kleine Geschäft des Onkels aufgrund eines in der Nähe neu erbauten Krankenhauses florierte und er für die Mitarbeit der Frau und der beiden ältesten Söhne seines Neffen äußerst dankbar wäre. Er würde ihnen auch gerne helfen, ein neues Zuhause zu finden.

Nun änderte sich Mr. T.s Verhalten von Grund auf. Er heiterte auf und fühlte sich selbstsicherer. Nach sechs Monaten verließ er das Krankenhaus, und vier Jahre später ging es ihm noch immer gut. Hätte dieser Mann seine Einstellung nicht geändert, so wäre er mit ziemlicher Sicherheit gestorben.

Verlangen harte Zeiten, wie Krankheiten oder Operationen, von Menschen neue Aufmerksamkeit, kommen oft Umstände zum Vorschein, die ihnen schon länger geschadet haben, die aber ohne die Krankheit nicht bemerkt worden wären.

Dies war bei Mrs. C. J. der Fall. Ihr Mann hatte dem Geschäftsleben immer mehr Wichtigkeit beigemessen und war auch sonst außer Haus engagiert. Ihre Kinder, zwei Töchter und ein Sohn, hatten geheiratet und waren ausgezogen. Und sie selbst war so sehr beschäftigt gewesen, daß ihr keine Zeit mehr für Hobbys oder sonstige Aktivitäten blieb. Weil sie so viel allein war, wurde sie depressiv und nach innen gekehrt. Schließlich empfahl ihr der Arzt eine kleine Operation, um eine Kleinigkeit in Ordnung zu bringen.

Durch ihre Abwesenheit von zu Hause und ihren Krankenhausaufenthalt wurden ihre Kinder und ihr Ehemann aufgerüttelt. Sie wurden sich ihrer Mutter und derer Bedürfnisse als Mensch bewußt. Beide Töchter nahmen sich ein Hotelzimmer, um in ihrer Nähe zu sein. Ihr Mann entledigte sich ein paar seiner Aktivitäten, weil er mit ihr nach ihrer Wiederherstellung eine Reise machen wollte. Nachbarn kamen sie besuchen und bewiesen so, wie sehr sie sie schätzten. Der Pfarrer schaute vorbei und bat sie, wieder an der Arbeit in der Kirchengemeinde teilzunehmen.

Bei dieser Reihe von Enthüllungen war die Operation selbst zweitrangig. Als sie nach Hause zurückkehrte, erwartete sie eine neue Atmosphäre, neue Aktivitäten in der Nachbarschaft und der Kirchengemeinde und die Erkenntnis dessen, was sie ihrer Familie wert war.

Nicht alle Krankheiten enden so glücklich wie die beschriebenen, nicht alle Tragödien lösen sich, nicht alle Last kann uns abgenommen werden. Aber die Last wird leichter, wenn wir Mut haben. Durch Verständnis und Einsicht kann kindliches Schuldbewußtsein behoben werden und sich unser Unglücklichsein verringern. Mitgefühl und Liebe für unsere Mitmenschen, die es schwer haben, darf nicht unser Bedürfnis nach Liebe und Vergebung durch uns selbst überdecken.

Die Fähigkeit zu glauben entspringt der Fähigkeit zu lieben. Der Glauben, der für alle Zeiten als die »Substanz unserer Hoffnungen und die Offenbarung des Unsichtbaren« definiert wurde, muß ein starkes, wachsendes Gefühl sein, wenn unsere Seele überleben will.

Norman Vincent Peale:
Die Macht positiver Gedanken

Auf einer Reise durch die Provinz Alberta in West-Kanada zeigte man mir ein Naturschauspiel. Es wird dort »die vermischten Wasser« genannt und ist die Mündung zweier wichtiger Flüsse, des Kicking Horse und des Yoho, die dort aufeinander treffen. Durch seinen Ursprung im Gletscherwasser hat der Yoko eine trübe, kreidige Farbe. Der Kicking Horse, der ebenfalls Gletschern entspringt, weist an seinem Ursprung die gleiche Trübung auf wie der Yoho. Er fließt dann aber durch zwei Seen, die sein Ungestüm bremsen und ihn den Kalk in ihren Tiefen ablagern lassen. Durch diesen natürlichen Filter kommt er als klarer, blaufarbener Bergfluß heran, der sich mit dem Weiß des Yoho vermischt.

Auf ähnliche Weise beruhigt und reinigt der Glaube unser Leben, das durch die Last schädlicher Gedanken ebenfalls farblos geworden ist. Bewußt oder unbewußt haben viele Menschen eine falsche Haltung eingenommen, lassen sich stressen oder sind emotional gestört, womit eine Basis für Krankheiten geschaffen wird. Einige von uns haben glücklicherweise das Geheimnis entdeckt, wie sie die Ursachen dieses physischen und emotionalen Notstandes beheben können. So wie der Fluß in tiefen, ruhigen Seen von seinen Sedimenten gereinigt wird, so reinigen sie ihren Geist in den Tiefen der Religion. Sie spüren Frieden in sich, und – was noch wichtiger ist – alle jene Ängste und Sünden, die dem Geist schaden und Gefühle durcheinanderbringen, verschwinden.

Viele Menschen *könnten* heutzutage gesund sein, frei von emotionalen oder sonstigen Krankheiten, würden sie ihren Glauben praktizieren und so seine heilende Kraft auf sich ziehen.

Das Gebet kann Wunder wirken. Natürlich versteht man unter Beten nicht reines Hersagen oder Murmeln von Formeln oder ein Anflehen von Gott. Für den Wissenschaftler Dr. Alexis Carrel ist das Gebet wie eine Übergabe seiner Persönlichkeit an Gott. Er vergleicht dies mit der leeren Leinwand, die vor dem Maler steht und mit Farbe gefüllt werden möchte. Ebenso steht der Betende vor Gott; sein Leben soll durch Gottes Willen ausgefüllt werden.

Wenn wir von einem Wunder sprechen, meinen wir ein Phänomen, das nicht mit Naturgesetzen erklärbar ist, sondern etwas Übernatürliches, etwas, das normalerweise nicht vorkommt, das über die menschlichen Grenzen hinausgeht. Es ist ein übernatürlicher Vorgang, Gottes Macht, die durch den menschlichen Glauben Dinge vollbringt, die der Mensch selbst mit seiner Stärke und seinem Wissen nicht zustande gebracht hätte.

Vor langer Zeit sahen die Jünger Jesu, wie er Wunder wirkte. Als sie darüber staunten, sagte er: »*Ihr* werdet noch Größeres vollbringen.« Und sie taten es. Warum aber können *wir* nichts »Größeres vollbringen«? Wir haben nicht den Glauben, den die Jünger hatten. Wir glauben nicht mit solcher Ehrlichkeit; deswegen können wir die »wundersame« Kraft, die uns geschenkt wurde, nicht nutzen.

Das Gebet kann nur dann Wunder wirken, wenn unser Glaube aktiv ist. Auf dem Gebiet der mentalen und körperlichen Gesundheit werden heutzutage viele Wunder durch Gebet und Glauben gewirkt. Für die Christenheit war dies einst ein sehr wichtiger Aspekt. Das Neue Testament ist voll von Heilungen, die durch Christus oder seine Jünger vollbracht wurden. Dieses heilende Element der christlichen Religion war in der letzten Zeit ignoriert worden. Jetzt jedoch, nachdem man sich wissenschaftlich darum gekümmert hat und die Beziehung zur Religion harmonischer geworden ist, wird es offensichtlich, daß Gebet und Glauben wieder ihre heilenden Kräfte freisetzen, so wie es im Neuen Testament geschrieben steht. Ich habe den Eindruck, daß eine Tendenz zur Zusammenarbeit von Psychiatrie, Allgemeinmedizin und der Religion besteht, um in gegenseitigem Verständnis für die gemeinsame Sache Körper, Geist und Seele zu heilen.

Ein Arzt hat es ganz richtig ausgedrückt: »Ich habe meinen Patienten behandelt, und Gott hat ihn geheilt.« Wenn wir medizinisches Wissen mit Glauben und Gebet vereinen und uns selbst in die Hand Gottes geben, seinen Willen akzeptieren, so werden wir äußerst heilende und aufbauende Kräfte empfangen. Ein führender Arzt eines Krankenhauses meinte: »Wenn man krank wird, sollte man einen Priester genauso rufen, wie man einen Arzt holt.« Das heißt, Gott hilft dem Kranken auf zwei Arten: durch das Wissen der Medizin und Chirurgie und durch das Wissen um Glauben und Gebet. Letzteres verhilft dem Kranken zu geistiger Harmonie mit Gott, während dem Arzt die höchste Hilfe zuteil wird, wodurch der Heilungsprozeß einsetzen kann.

Vor kurzem kam nach einem meiner Vorträge ein Mann auf mich zu und erzählte mir, daß er einen Nervenzusammenbruch erlitten habe, von dem er sich, trotz aller Schonung und Bemühung, nicht erhole. Dann habe er zufällig etwas von mir Verfaßtes gelesen, wo es hieß, daß »die Macht des Glaubens und des Gebetes heilen hilft«. Er sagte: »Da ich in der Klemme saß, war ich bereit, alles zu versuchen.« Mit neuem und verzweifeltem Interesse wandte er sich dem Neuen Testament zu und las begierig die darin enthaltenen Versprechungen. Eines Tages sagte er sich schließlich: »Ich glaube, es ist wirklich etwas dran.« Durch Gebet und Glauben gab er sich in Gottes Hand, mit dem Ergebnis, daß er, als er mich an jenem Abend traf, von sich sagen konnte, er sei physisch, geistig und seelisch ein neuer Mann.

Durch den einfachen Glauben an Gott eröffnet sich unser Leben erstaunlichen Heilkräften, Stärke und Wachstum. Wer die Menschheit studiert hat, weiß, daß ihre Haupteigenschaft nicht im Physischen oder Materiellen liegt, sondern im Spirituellen. Ein Mensch kann zwar für eine Weile ein rein körperliches und materielles Leben führen, aber irgendwann wird er niedergeschlagen sein, weil er sich selbst von der Lebensquelle abgetrennt hat. Wie ein Teich, der abseits vom fließenden Gewässer liegt, wird er stagnieren und seine Gesundheit verlieren. Er wird sich unglücklich und unnütz fühlen, weil er von der Kraft des Lebensflusses abgetrennt ist. Dabei könnte er durch einfachen Glauben und Hingabe an Gott seine Lage ändern; denn es ist bemerkenswert, wieviel Gutes der ehrliche Versuch, sich auf Gott einzustellen, physisch, geistig und seelisch für uns tun kann.

Muriel Lester, eine engagierte Sozialarbeiterin, erzählte uns, daß sie unter der Belastung ihrer Tätigkeit nervlich zusammengebrochen war. Sie erlebte eine schwere Depression und fühlte sich wochenlang physisch und geistig geschwächt. Eines Tages las sie darüber, wie sich die Eigenschaften des Golfstromes auf einen der Länge nach in Richtung des Stromes gelegten Strohhalm übertragen würden. Daraufhin überlegte sie, ob ein menschliches Leben, würde es sich der Richtung von Gottes spiritueller Stärke anpassen, nicht auch von dieser heilenden Kraft durchströmt werden würde. Sie beschloß, es auszuprobieren, und übergab ihr Leben Gott. Sie brachte ihr ganzes Selbst, ihren Körper, ihren Geist und ihre Seele in die Richtung, aus der Gottes Kraft strömt. Es geschah nicht sofort, aber langsam, wie die Dämmerung, zog schließlich Gottes Kraft durch ihr Leben. Sie wurde von neuer Vitalität erfüllt und konnte ihre Arbeit wieder aufnehmen. Unsere Generation wacht langsam auf und wird sich der vielfältigen Möglichkeiten bewußt, die der religiöse Glauben in sich birgt.

Ein Professor verkündete in seiner Vorlesung über geistige Gesundheit, er würde den Namen des Buches, das die Basis für seine Vorlesungen war, bis zum Ende des Semesters nicht bekanntgeben. Als es dann soweit war, erklärte er, sein Buch sei das Neue Testament gewesen, »die gründlichste und kompetenteste Arbeit auf diesem Gebiet.« Er riet seinen Studenten, die Prinzipien des Neuen Testaments zu praktizieren, da es nicht nur der beste Leitfaden für moralisches Verhalten sondern auch für gute Gesundheit sei.

Wenn wir glauben, dann ist dem Segen, den Gott über uns ausschütten wird, keine Grenze mehr gesetzt. Man sagt uns, Christus sei gekommen, um uns »das reichliche Leben« zu geben. Das ist so viel mehr als das schmalspurige, begrenzte und frustrierte Leben, wie es die meisten von uns führen. Dieser Segen kommt auf Sie, wenn Sie nur darum *bitten*.

Es gibt im Neuen Testament eine merkwürdige Stelle. Christus hatte den Menschen die Wunder Gottes beschrieben, hatte ihnen ausgemalt, was sie haben, sein, tun könnten. Aber Er sah, daß sie Ihm nicht glaubten, daß sie Seine Angebote nicht annahmen. Da heißt es: »Er wunderte sich über ihren Unglauben.« Er war bestürzt, weil jene, denen Er *alles* bot, sich dafür entschieden, weiterhin mit *nichts* zu leben. So lebt der Durchschnittsmensch heute in einem spirituellen Notstand, während er nach Gottes Reichtum nur *die Hand auszustrecken* bräuchte.

Eine abschließende Geschichte aus dem Neuen Testament soll uns erklären, was passieren kann, wenn man wirklich glaubt.

Petrus und Johannes waren auf dem Weg zum Tempel, als sie einen lahmen Bettler neben dem prächtigen Tempeltor sitzen sahen. Er war von Geburt an gelähmt, und viele Jahre der Hilflosigkeit hatten ihn auch seelisch gelähmt. Hoffnungslosigkeit und der Eindruck der Vergänglichkeit hatten sich in seinen Geist gefressen. Er sah keine Zukunft vor sich. Alles, was er vom Leben erwarten konnte, war, dem einen oder anderen Passanten eine Münze abzuschwatzen. Er wußte nicht, was dieser Tag ihm noch bringen sollte, wie sehr sich sein Leben verändern würde. Während er auf den Stufen zum Tempel dumpf vor sich hin starrte, merkte er plötzlich, daß zwei Männer vor ihm standen.

Petrus und Johannes hielten inne. Auch sie waren einst vom Leben enttäuscht gewesen, wenn auch auf andere Weise. Sie wußten, daß Geld für diesen Mann keine Lösung war. Selbst wenn er ein Vermögen bekäme, so wäre er doch der gleiche schwache Sterbliche wie zuvor. Sie wurden sich bewußt, daß seine Krankheit innerlich war, nicht äußerlich, und erinnerten sich, wie ihr Meister einst einem Mann gesagt hatte, er müsse »neu geboren werden«. Damit hatte er eine innerliche Heilung vorgeschlagen, eine grundlegende Veränderung, etwas wie eine Wiedergeburt. Das Christentum hat immer betont, wie wichtig die Bekehrung ist. Es macht keine halbe Sache, ist nicht mit halbfertigen Heilungsmethoden zufrieden. Die einzig wirksame Methode ist, die Krankheit bei der Wurzel zu packen und sie auszurotten.

Petrus sah, daß, was dieser verkrüppelte Bettler brauchte: Glauben an Gott und Glauben an sich selbst war. Er heftete seine Augen auf den Mann, der weiter vor sich hin gebrütet hatte, und sagte: »Schau uns an.« Er wollte den Geist des Mannes wie mit einem Magneten von sich selbst und seiner Misere ablenken. Er wollte, daß er diese beiden Männer sah, die, wie er, einst schwach und unterlegen gewesen, aber durch den Geist Christi stark geworden waren.

»Schau uns an«, wiederholte Petrus, während sein direkter Blick den dumpfen Geist vor ihm zu durchbohren schien. Für den Mann war es schwierig aufzuschauen, weil er so lange Zeit den Blick gesenkt gehalten hatte. Es ist immer schwierig für die Menschen, ihre Ketten, die sie zunächst gehaßt hatten, abzuwerfen, weil sie ihnen nach langer Gefangenschaft vertraut geworden sind. »Schau uns an!« Die Worte, der Ton und die Überzeugungskraft, die aus ihnen strahlte, drangen schließlich zu dem Verstand des Mannes durch. Langsam richtete er seinen Blick nach oben, unwiderstehlich von Petrus' Augen angezogen, bis sie sich ansahen. Er blickte in ein wettergegerbtes Gesicht, ein starkes Gesicht, wie ein Felsenriff, das die Sonne reflektierte. Aber es waren die Augen von Petrus, die seinen Blick festhielten. Sie waren freundlich, aber auch durchdringend und sahen ihn mit Festigkeit an, während sie zu sagen schienen: »Du hast etwas Großartiges in dir. Du kannst, du kannst! Im Namen von Jesus Christus von Nazareth, steh auf und gehe umher.« Darauf öffneten sich die Augen des Bettlers voller Furcht und Unglauben. Er schrak zurück und wollte klagen: »Ich kann nicht. Seit meiner Geburt bin ich lahm. Was du von mir verlangst, ist unmöglich.« Petrus' Augen aber, voller unbezähmbaren Glaubens, hielten ihn fest. »Im Namen von Jesus Christus von Nazareth, steh auf und gehe umher!«

Unwiderstehlich, wie von einem Magneten angezogen, sah der Mann weiter in Petrus' Augen, streckte seine Hand aus und erhob sich langsam. Behutsam probierte er seine steifen Fußknöchel aus, die nie funktioniert hatten. Langsam und mit wachsendem Vertrauen belastete er sie mit seinem vollen Gewicht. Über sein Gesicht breitete sich der Ausdruck freudigen Unverständnisses. In seinen dumpfen Augen blitzte Hoffnung auf. Er stieß einen unfreiwilligen Freudenschrei aus, da er von seinem lebenden Tod befreit war. Es verwunderte nicht, daß er umherhüpfte und -sprang, Gott lobpries und mit Petrus und Johannes in den Tempel ging, um dem Allmächtigen Gott zu danken.

Diese Geschichte wird im Buch der Bücher beschrieben. Vertiefen Sie sich hinein, glauben Sie mit vollem Herzen daran, teilen Sie seine Prinzipien, vor allem, was den Glauben angeht; und ich versichere Ihnen, daß Sie, was Ihre Probleme angeht, eine große Entdeckung machen werden, nämlich: *DER GLAUBE UND DAS VERTRAUEN SIND DIE ANTWORT.*